# L'Amour :
# L'Accomplissement de la Loi

# L'Amour:
# L'Accomplissement de la Loi

Dr. Jaerock Lee

L'Amour: L'Accomplissement de la Loi par le Dr. Jaerock Lee
Publié par Urim Books (représentant: Kyungtae Noh)
73, Yeouidaebang-ro 22-gil, Dongjak-gu, Séoul, Corée
www.urimbooks.com

Tous droits réservés. Ce livre dans sa totalité ou en partie ne peut être reproduit sous quelque forme, stocké dans un système de récupération ou transmis sous quelque forme ou par quelque moyen que ce soit, électronique, mécanique, photocopie, enregistrement ou autre, sans autorisation préalable écrite de l'éditeur.

Copyright © 2015 par Dr. Jaerock Lee
ISBN: 979-11-263-0016-7 03230
Copyright de Traduction © 2015 par Dr. Esther K. Chung. Utilisé avec permission.

***Première publication août 2015***

Précédemment publié en coréen en 2009 par Urim Books à Séoul, Corée

Édité par le Dr. Geumsun Vin
Mise en page par le bureau éditorial de Urim Books
Pour plus d'informations contactez urimbook@hotmail.com

*«L'amour ne fait point de mal au prochain:
l'amour est donc l'accomplissement de la loi.»*

Romains 13:10

Avant-propos

Dans l'espoir que les lecteurs puissent atteindre la Nouvelle Jérusalem par l'amour spirituel.

Une agence de publicité du Royaume-Uni a proposé un quiz au public. Il s'agissait de déterminer le moyen le plus rapide pour aller d'Edimbourg en Ecosse à Londres en Angleterre. La personne dont la réponse serait choisie recevrait une grande récompense. La réponse finalement choisie était: «voyagez avec une personne aimée.» En effet, lorsque nous voyageons en compagnie de ceux que nous aimons, même une longue distance semble courte. De la même manière, lorsque nous aimons Dieu, il ne nous est pas difficile de mettre Sa Parole en pratique (1 Jean 5:3). Dieu ne nous a pas donné la Loi et ne nous a pas demandé de garder Ses commandements pour rendre notre vie pénible.

Le mot «Loi» vient du mot hébreu «Torah», qui signifie «ordonnances» et «leçon». Le terme «Torah» se rapporte généralement au Pentateuque, qui inclut les 10 commandements. Cependant, la «Loi» fait également référence aux 66 livres de la Bible dans leur totalité, ainsi que plus spécifiquement aux ordonnances de Dieu qui nous dit ce qu'il faut faire, ne pas faire, ce qu'il faut garder ou rejeter. Certains pourraient penser que la Loi et l'amour n'ont aucun lien mais, en réalité, il s'agit de deux éléments inséparables. L'amour est de Dieu et sans aimer Dieu nous ne pouvons garder la Loi entièrement. La Loi ne peut être accomplie que lorsque nous la mettons en pratique avec amour.

Voici une histoire qui illustre la puissance de l'amour. Un jeune homme s'est écrasé alors qu'il survolait un désert dans un petit avion. Son père, qui était un homme très riche, a engagé une équipe de recherche et de secours pour le retrouver, mais en vain. Il a alors distribué des millions de tracts dans le désert. Ces tracts disaient: «Je t'aime, mon fils.» Le fils en question, qui errait dans le désert, en a trouvé un et cela lui a donné le courage qui lui a finalement permis d'être secouru. Le véritable amour de ce père a sauvé son fils. Tout comme ce père qui a disséminé ces tracts à travers ce désert, nous avons le devoir de répandre l'amour de Dieu à un nombre incalculable d'âmes.

Dieu a démontré Son amour en envoyant Son Fils unique Jésus sur cette terre pour sauver les êtres humains qui étaient des pécheurs. Cependant, les légalistes du temps de Jésus ne voyaient pas au-delà des formalités de la Loi et ne comprenaient pas le véritable amour de Dieu. Ils ont fini par condamner le Fils unique de Dieu, Jésus, comme un blasphémateur qui abolissait la Loi et ils l'ont crucifié. Ils n'ont pas saisi l'amour de Dieu qui est pourtant inscrit dans la Loi.

1 Corinthiens 13 décrit bien «l'amour spirituel». Ce chapitre nous parle de l'amour de Dieu qui a envoyé Son Fils unique pour nous sauver, nous qui étions destinés à mourir dans nos péchés, et de l'amour du Seigneur, qui nous a aimé au point de quitter Sa gloire céleste pour venir mourir sur la croix. Si nous voulons propager l'amour de Dieu aux innombrables âmes en perdition dans ce monde, il nous faut comprendre cet amour spirituel et le mettre en pratique.

*«Je vous donne un commandement nouveau: Aimez-vous les uns les autres; comme je vous ai aimés, vous aussi, aimez-vous les uns les autres. A ceci tous connaîtront que vous êtes mes disciples, si vous avez de l'amour les uns pour les autres»* (Jean 13:34-35).

Ce livre a été publié afin que les lecteurs puissent examiner à quel point ils ont cultivé l'amour spirituel et à quel point ils ont été changés par la vérité. Je rends grâce à Geumsun Vin, directrice du bureau de rédaction, et à son personnel, et j'espère que tous les lecteurs accompliront la loi de l'amour et atteindront, en fin de compte, la Nouvelle Jérusalem, la plus belle des demeures célestes.

*Jaerock Lee*

Introduction

J'espère que, par la vérité de Dieu, les lecteurs seront changés par la culture de l'amour parfait.

Une chaîne de télévision à un jour mené un sondage sur les femmes mariées. Il s'agissait de savoir si elles marieraient le même mari si le choix était à refaire. Les résultats étaient choquants. Seules 4% des femmes auraient choisi à nouveau le même mari. Elles se sont probablement mariées parce qu'elles aimaient leur mari alors pourquoi changer d'avis comme cela ? C'est parce qu'elles n'aimaient pas avec l'amour spirituel. Le présent ouvrage, *L'Amour: L'Accomplissement de la Loi*, nous enseignera concernant cet amour spirituel.

Dans la première partie, « L'importance de l'amour », nous nous pencherons sur plusieurs formes d'amour que l'on retrouve entre maris et femmes, entre parents et enfants, entre des amis, ou encore entre des voisins. Cela nous permettra de nous faire une idée de la différence entre l'amour charnel et l'amour spirituel. L'amour spirituel consiste à aimer l'autre avec un cœur immuable qui n'attend rien en retour. L'amour charnel, au contraire, varie en fonction des situations et des circonstances. C'est pour cela que l'amour spirituel est si précieux et beau.

La deuxième partie, « L'amour tel que dans le chapitre de l'amour », divise 1 Corinthiens 13 en trois sections. La première, « Le type d'amour que Dieu attend » (1 Corinthiens 13:1-3), est l'introduction du chapitre et met l'accent sur l'importance de l'amour spirituel. La deuxième section, « Les caractéristiques de l'amour » (1 Corinthiens 13:4-7), est la partie principale de ce chapitre et traite des 15 caractéristiques de l'amour spirituel. La troisième section, « L'amour parfait », vient conclure ce chapitre en nous apprenant que la foi et l'espérance sont nécessaires de façon temporaire, durant notre marche vers le royaume des cieux au cours de nos vies sur cette terre. L'amour demeure éternellement et ce même dans le royaume des cieux.

La troisième partie, « L'amour est l'accomplissement de la loi », explique ce que signifie accomplir la loi par l'amour. Elle traite également de l'amour de Dieu qui nous cultive, nous, êtres humains, sur cette terre et de l'amour de Christ, qui a ouvert la voie du salut pour nous.

Le « Chapitre sur l'amour » n'est qu'un des 1189 chapitres de la

Bible. Cependant, il s'agit d'une carte au trésor qui nous permet de découvrir de grands trésors car il nous enseigne en détail le chemin vers la Nouvelle Jérusalem. Même si nous possédons la carte et connaissons le chemin, cela ne sert à rien si nous ne suivons en fait pas le chemin indiqué. Autrement dit, tout cela est inutile si nous ne mettons pas en pratique l'amour spirituel.

L'amour spirituel est agréable à Dieu et nous pouvons posséder cet amour spirituel dans la mesure où nous écoutons et mettons en pratique la Parole de Dieu, qui est la vérité. Une fois que nous possédons cet amour, nous pouvons recevoir l'amour et les bénédictions de Dieu et à la fin entrer dans la Nouvelle Jérusalem, le plus beau lieu de séjour du Ciel. L'amour est la raison ultime pour laquelle Dieu a créé les êtres humains et les cultive. Je prie que les lecteurs puissent aimer Dieu avant toutes choses et leurs prochains comme eux-mêmes afin de pouvoir recevoir les clés pour entrer par les portes de perles de la Nouvelle Jérusalem.

**Geumsun Vin**
Directrice du bureau d'édition

# Table des matières — L'Amour: L'Accomplissement de la Loi

Avant-propos · VII
Introduction · XI

## Partie 1 L'importance de l'amour
Chapitre 1: L'amour spirituel · 2
Chapitre 2: L'amour charnel · 10

## Partie 2 L'amour tel que dans le chapitre de l'amour
Chapitre 1: Le genre d'amour que Dieu désire · 24
Chapitre 2: Les caractéristiques de l'amour · 42
Chapitre 3: L'amour parfait · 166

## Partie 3 L'amour est l'accomplissement de la loi
Chapitre 1: L'amour de Dieu · 180
Chapitre 2: L'amour de Christ · 192

*«Si vous aimez ceux qui vous aiment,*

*quel gré vous en saura-t-on?*

*Les pécheurs aussi aiment ceux qui les aiment.»*

Luc 6:32

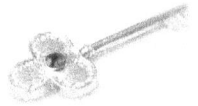

# Partie 1

# L'importance de l'amour

Chapitre 1 : L'amour spirituel

Chapitre 2 : L'amour charnel

CHAPITRE 1 — *L'amour spirituel*

# L'amour spirituel

*« Bien-aimés, aimons-nous les uns les autres ;
car l'amour est de Dieu,
et quiconque aime est né de Dieu et connaît Dieu.
Celui qui n'aime pas n'a pas connu Dieu,
car Dieu est amour. »*
1 Jean 4:7-8

Le simple fait d'entendre le mot «amour» fait battre nos cœurs et voguer nos imaginations. Pouvoir aimer quelqu'un et partager un amour véritable toute notre vie durant résulterait en une vie comblée du plus haut niveau de bonheur. Parfois, nous entendons parler de gens qui surmontent des situations proches de la mort et qui décident de faire de leur vie quelque chose de beau par la puissance de l'amour. L'amour est incontournable si nous voulons mener une vie heureuse. Il a le grand pouvoir de changer nos vies.

Le dictionnaire en ligne *Reverso* définit l'amour comme *«sentiment fort de tendresse et d'affection entre deux personnes ou envers une divinité ou un idéal»* et le Larousse en Ligne parle d'«affection ou tendresse entre les membres d'une famille» ou encore d'une «inclination d'une personne pour une autre». Mais le genre d'amour dont Dieu parle est d'un niveau supérieur: il s'agit de l'amour spirituel. L'amour spirituel cherche le bien des autres, leur apporte de la joie, de l'espoir et de la vie et ne varie pas. De plus, cet amour ne nous est pas bénéfique qu'au cours de cette vie terrestre passagère mais il conduit nos âmes vers le salut et nous donne la vie éternelle.

## L'histoire d'une femme qui a conduit son mari vers l'Eglise

C'est l'histoire d'une femme fidèle dans sa vie chrétienne. Malheureusement, son mari n'aimait pas qu'elle vienne à l'église et lui rendait la vie difficile. Même au sein d'une telle opposition, elle se rendait à la réunion de prière matinale quotidienne et priait pour son mari. Un jour, elle est partie prier tôt le matin en prenant avec elle les chaussures de son mari. Serrant les chaussures contre elle, elle a prié avec larmes: «Seigneur, aujourd'hui ce ne sont que ces chaussures qui sont venues à l'église, mais je te prie que la prochaine fois, le propriétaire de ces chaussures vienne également.»

Après quelque temps, une chose incroyable s'est produite: le mari est venu à l'église. Voici comment cela s'est produit. A partir d'un certain moment, à chaque fois qu'il quittait la maison pour se rendre au travail, le mari ressentait une certaine chaleur dans ses chaussures. Un jour, il a vu sa femme partir avec ses chaussures et il l'a suivie pour voir où elle allait. Elle allait à l'église.

Cela le contrariait, mais sa curiosité a pris le dessus. Il fallait qu'il découvre ce qu'elle faisait à l'église avec ses chaussures. Il s'est rendu discrètement dans l'église. Sa femme priait en serrant ses chaussures contre elle. Il a pu entendre la prière de sa femme dont chaque mot concernait son bien-être et qu'il soit béni. Son cœur a été touché et il n'a pas pu s'empêcher de ressentir du remord par rapport à la façon dont il avait traité sa femme. Finalement, ce mari a été touché par l'amour de sa femme et est devenu un chrétien fervent.

Dans ce genre de situation, la plupart des femmes me demanderaient de prier pour elles en disant: «Mon mari me rend la vie dure, et ce uniquement parce que je viens à l'église. S'il vous plaît, priez pour moi afin que mon mari cesse de me persécuter.» C'est alors que je réponds: «Devenez rapidement sanctifiée et atteignez la sanctification. C'est la seule façon de régler votre problème.» Ces femmes pourront témoigner d'un amour plus spirituel envers leurs maris si elles rejettent le péché et atteignent la sanctification. Quel mari rendrait la vie difficile à sa femme si celle-ci se sacrifie et le sert du fond du cœur?

Jadis, cette femme rejetait la faute sur son mari mais, une fois transformée par la vérité, elle a confessé qu'elle était à blâmer et s'est humiliée. La lumière spirituelle chasse alors les ténèbres et le mari peut également être changé. Qui pourrait prier pour une autre personne qui lui rend la vie difficile? Qui se sacrifierait pour son prochain négligé et partagerait l'amour véritable avec lui? Les enfants de Dieu qui ont appris le véritable amour du Seigneur peuvent apporter un tel amour aux autres.

## L'amour immuable et l'amitié de David et Jonathan

Jonathan était le fils de Saül, le premier roi d'Israël. Quand il a vu David triompher de Goliath, le champion des Philistins, rien qu'avec une fronde et une pierre, il a su que David était un guerrier sur lequel l'esprit de Dieu était descendu. Comme il était lui-même général dans l'armée, le cœur de Jonathan était en admiration devant le courage de David. Dès ce moment, Jonathan a aimé David comme lui-même et un lien d'amitié très fort a commencé à se développer. Jonathan aimait tellement David qu'il était prêt à tout si c'était pour lui.

> *« David avait achevé de parler à Saül. Et dès lors l'âme de Jonathan fut attachée à l'âme de David, et Jonathan l'aima comme son âme. Ce même jour Saül retint David, et ne le laissa pas retourner dans la maison de son père.*

*Jonathan fit alliance avec David, parce qu'il l'aimait comme son âme. Il ôta le manteau qu'il portait, pour le donner à David; et il lui donna ses vêtements, même son épée, son arc et sa ceinture»* (1 Samuel 18:1-4).

En tant que fils aîné de Saül, Jonathan était l'héritier du trône et il aurait donc très bien pu haïr David qui était tellement aimé du peuple. Cependant, il n'avait aucun désir par rapport au titre de roi. Au contraire, lorsque Saül essayait de tuer David pour garder son trône, Jonathan a risqué sa propre vie pour sauver son ami. Cet amour a duré jusqu'à sa mort. Quand Jonathan a perdu la vie lors de la bataille de Gilboa, David a pleuré et a jeûné jusqu'au soir.

*«Je suis dans la douleur à cause de toi, Jonathan, mon frère! Tu faisais tout mon plaisir; Ton amour pour moi était admirable, au-dessus de l'amour des femmes»* (2 Samuel 1:26).

Lorsqu'il est devenu roi, David a retrouvé Mephibosheth, le fils unique de Jonathan, lui a rendu toutes les possessions de Saül et a pris soin de lui dans son palais comme s'il s'agissait de son propre fils (2 Samuel 9). Comme dans cette histoire, l'amour spirituel consiste à aimer l'autre personne d'un cœur immuable et de toute sa vie, même si on n'en tire aucun bénéfice mais que cela nous cause plutôt des dommages. N'être agréable que dans l'espoir d'obtenir quelque chose en retour ne constitue pas l'amour véritable. L'amour spirituel, c'est se sacrifier et continuer à donner aux autres de façon inconditionnelle, avec des intentions pures et vraies.

# L'amour immuable de Dieu et du Seigneur envers nous

L'amour charnel apporte beaucoup de douleurs qui brisent le cœur des gens. Lorsque nous souffrons et nous sentons seuls à cause de l'amour changeant d'une personne, il y a une personne qui nous réconforte et devient notre ami. C'est le Seigneur. Il a été méprisé et rejeté bien qu'innocent (Esaïe 53:3), et peut donc très bien comprendre nos cœurs. Il a abandonné Sa gloire céleste et est descendu sur cette terre pour prendre un chemin de souffrances. En ce faisant, Il est devenu notre vrai consolateur et notre ami. Il nous a donné l'amour véritable et est mort sur la croix.

Avant de devenir chrétien, je souffrais de nombreuses maladies et j'avais profondément connu la douleur et la souffrance que cause la pauvreté. Après sept longues années à combattre la maladie, je me retrouvais avec un corps malade, des dettes à n'en pas finir, le mépris des gens, la solitude et le désespoir. Tous ceux en qui je faisais confiance m'ont laissé tomber. Toutefois, quelqu'un est venu vers moi lorsque j'étais complètement seul au monde. C'était Dieu. Lorsque j'ai rencontré Dieu, j'ai été immédiatement guéri de toutes mes maladies et j'ai commencé à vivre une vie nouvelle.

L'amour que Dieu m'a donné était un cadeau gratuit. Je ne l'avais pas aimé en premier. C'est lui qui a fait le premier pas et a étendu Ses mains vers moi. En commençant à lire la Bible, je pouvais y entendre la déclaration d'amour de Dieu pour moi.

*« Une femme oublie-t-elle l'enfant qu'elle allaite ? N'a-*

*t-elle pas pitié du fruit de ses entrailles? Quand elle l'oublierait, moi je ne t'oublierai point. Voici, je t'ai gravée sur mes mains; tes murs sont toujours devant mes yeux»* (Esaïe 49:15-16).

*«L'amour de Dieu a été manifesté envers nous en ce que Dieu a envoyé son Fils unique dans le monde, afin que nous vivions par lui. Et cet amour consiste, non point en ce que nous avons aimé Dieu, mais en ce qu'il nous a aimés et a envoyé son Fils comme victime expiatoire pour nos péchés»* (1 Jean 4:9-10).

Dieu ne m'avait pas abandonné, et ce même lorsque je me débattais avec ma douleur après que tout le monde m'a tourné le dos. Lorsque j'ai ressenti Son amour, je n'ai pas pu retenir mes larmes. Je pouvais ressentir que l'amour de Dieu était bien réel à cause de la souffrance que j'avais traversée. Je suis, ensuite, devenu pasteur, un serviteur de Dieu, pour réconforter les cœurs de beaucoup d'âmes en réponse à la grâce que Dieu m'avait donnée.

Dieu est l'amour en personne. Il a envoyé Son Fils unique, Jésus, sur cette terre pour nous, des pécheurs. Il attend que nous entrions au royaume des cieux où Il a préparé tellement de choses belles et précieuses. Nous pouvons ressentir l'amour délicat et riche de Dieu lorsque nous ouvrons nos cœurs ne serait-ce qu'un tout petit peu.

*«En effet, les perfections invisibles de Dieu, sa puissance éternelle et sa divinité, se voient comme à l'œil nu, depuis la création du monde, quand on les considère*

*dans ses ouvrages. Ils sont donc inexcusables»* (Romains 1:20).

Considérons un instant la merveilleuse nature qui nous entoure. Le ciel bleu, la mer limpide, tous les arbres et plantes sont les choses que Dieu a créées pour nous, pour que, durant notre vie sur terre, nous puissions avoir l'espoir du royaume des cieux en attendant d'y être.

Des vagues qui viennent caresser le littoral aux étoiles qui scintillent dans une danse céleste, du bruit du tonnerre aux impressionnantes chutes d'eau, en passant par la brise légère qui nous effleure, nous pouvons ressentir le souffle de Dieu nous dit: «Je t'aime». Etant donné que nous avons été choisis pour être des enfants de Dieu, quel genre d'amour devrait être le nôtre? Nous devons avoir un amour éternel et vrai au lieu d'un amour dénué de sens qui change lorsque la situation n'est plus à notre avantage.

CHAPITRE 2 — *L'amour charnel*

# L'amour charnel

*« Si vous aimez ceux qui vous aiment,*
*quel gré vous en saura-t-on ?*
*Les pécheurs aussi aiment ceux qui les aiment. »*
Luc 6:32

Un homme se tient debout face à une grande foule, dos à la mer de Galilée. Les vagues de la mer ondulent derrière Lui comme si elles dansaient au rythme d'une brise légère. Tout le monde s'approche pour entendre Ses paroles. A cette foule qui se trouve assise là, éparpillée sur cette petite colline, Il dit, d'un ton à la fois doux et résolu, de devenir la lumière et le sel du monde et d'aimer même leurs ennemis.

> *« Si vous aimez ceux qui vous aiment, quelle récompense méritez-vous? Les publicains n'agissent-ils pas de même? Et si vous saluez seulement vos frères, que faites-vous d'extraordinaire? Les païens n'agissent-ils pas de même? »* (Matthieu 5:46-47)

Selon l'enseignement de Jésus, les incroyants et même ceux qui sont méchants peuvent faire preuve d'amour envers ceux qui sont bons envers eux ou qui leur sont profitables. Il existe, donc, un faux amour, qui semble bon de l'extérieur mais qui, dans le fond, n'est pas véritable. Il s'agit de l'amour charnel. Il change avec le temps, il s'étiole et disparait en conséquence de choses même mineures.

L'amour charnel peut changer à tout moment avec le passage du temps. Si la situation ou les conditions changent, l'amour charnel changera. Les gens ont souvent tendance à changer leurs attitudes en fonction des avantages et intérêts qu'ils tirent ou non d'une situation. Les gens ne donnent qu'après avoir reçu quelque chose en premier ou si cela leur semble dans leur intérêt. Si nous donnons et voulons recevoir dans les mêmes proportions en retour ou si nous sommes déçus lorsque quelqu'un ne nous donne rien en retour, ce sont également des signes que notre amour est charnel.

## L'amour entre parents et enfants

L'amour des parents qui continuent à donner à leurs enfants touche le cœur de beaucoup. Cependant, les parents ne disent pas qu'il est dur de prendre soin de leurs enfants de toutes leurs forces parce qu'ils aiment leurs enfants. C'est généralement le souhait des parents de pouvoir donner de bonnes choses à leurs enfants même lorsque cela implique qu'eux-mêmes mangeront moins bien ou ne porteront pas de si beaux vêtements. Toutefois, même les parents qui aiment leurs enfants ont un coin du cœur qui cherche leurs propres intérêts.

S'ils aimaient véritablement leurs enfants, ils seraient capables d'aller jusqu'à donner leur vie pour eux sans rien demander en retour. Il y a, en fait, beaucoup de parents qui élèvent leurs enfants pour leur propre bénéfice et leur honneur. Ils disent: «Je te dis cela pour ton bien» mais, en réalité, ils essaient de contrôler leurs enfants d'une façon qui comble leurs désirs pour une bonne réputation ou également pour leur propre intérêt économique. Quand les enfants choisissent leur carrière professionnelle ou se marient, s'ils font des choix que les parents n'acceptent pas, cela conduit à des conflits et des déceptions. Cela montre bien que leur dévouement et leurs sacrifices pour leurs enfants étaient, en fin de compte, conditionnels. Ils essaient de tirer ce qu'ils souhaitent des enfants en retour de l'amour qu'ils leur ont donné.

L'amour des enfants est généralement moins profond que celui des parents. Un dicton coréen affirme: «Si les parents souffrent d'une maladie pendant longtemps, tous les enfants les quitteront.» Si les parents sont malades et âgés sans aucune chance de guérison et que les enfants doivent prendre soin d'eux, ils trouvent de plus en plus difficile de faire face à la situation. Lorsqu'ils sont petits, les enfants parlent un peu comme ceci: «Je ne vais pas me marier mais je vais simplement vivre avec vous, maman et papa.» Ils peuvent même vraiment penser vouloir vivre avec leurs parents pour le reste de leur vie. Mais, au fur et à mesure qu'ils grandissent, ils deviennent de moins en moins intéressés par leurs parents parce qu'ils deviennent trop occupés à essayer de gagner leur vie. De nos jours, le cœur des gens est tellement insensible par rapport au péché et le mal est si répandu que, parfois, on entend que des parents ont tué leurs enfants ou que des enfants ont tué leurs parents.

## L'amour dans le couple marié

Qu'en est-il de l'amour au sein du couple marié? Quand ils courtisent, les couples se disent des mots doux comme «Je ne pourrais vivre sans toi. Je t'aimerai toujours.» Mais, que se passe-t-il une fois qu'ils sont mariés? Ils éprouvent du ressentiment l'un par rapport à l'autre et disent: «Je ne peux pas vivre ma vie comme je l'entends à cause de toi. Tu m'as berné.»

Ils se déclaraient leur amour l'un envers l'autre mais, après leur mariage, ils mentionnent souvent les mots séparation ou divorce rien que parce qu'ils pensent que les contextes familiaux dans lesquels ils ont grandi, leur éducation ou leurs personnalités ne sont pas compatibles. Si le mari trouve que la nourriture n'est pas bonne assez, il se plaint auprès de sa femme en disant: «Qu'est-ce que c'est que ce plat? Il n'y a rien à manger!» Si le mari ne gagne pas assez d'argent, la femme le harcèle: «Le mari de mon amie a déjà décroché une promotion de directeur et un autre est devenu cadre exécutif....Quand vas-tu obtenir une promotion....et une autre de mes amies vient d'acheter une plus grande maison et une toute nouvelle voiture, mais qu'en est-il de nous? Quand pourrons-nous avoir de plus belles choses?»

Selon les statistiques des violences conjugales en Corée, près de la moitié des couples mariés font usage de la violence envers leur conjoint. Beaucoup de couples mariés perdent leur premier amour et en finissent même par se détester et à se quereller. De nos jours, il y a même des couples qui rompent durant leur lune de miel! La durée moyenne des mariages devient également plus courte. Ils pensaient qu'ils aimaient tellement leur conjoint mais, en vivant ensemble, ils voient les points négatifs l'un de l'autre. Leur façon de penser, leurs goûts sont différents et ils sont constamment sur une trajectoire de collision peu importe le sujet du moment. A cause de cela, les émotions qu'ils prenaient pour de l'amour se refroidissent.

Même lorsque les couples n'ont pas de problèmes évidents, ils deviennent habitués l'un à l'autre et l'émotion du premier amour se refroidit avec le temps. Ensuite, il ne faut pas longtemps avant qu'ils posent les regards sur d'autres hommes ou femmes. Le mari est déçu de sa femme qui a l'air toute ébouriffée le matin et, quand elle vieillit et prend du poids, il se dit qu'elle n'est plus si attirante.

L'amour doit s'approfondir avec le temps mais, souvent, ce n'est pas le cas. En fin de compte, ces changements en eux confirment que cet amour était un amour charnel qui ne cherchait que son propre intérêt.

## L'amour entre des frères

Les frères et sœurs qui sont nés des mêmes parents et sont élevés ensemble devraient être plus proches que n'importe qui au monde. Ils peuvent s'appuyer l'un sur l'autre pour beaucoup de choses car ils ont partagés tellement de choses et ont accumulé de l'amour l'un pour l'autre. Cependant, certains frères et sœurs ont un sentiment de compétition l'un envers l'autre et deviennent jaloux.

L'ainé peut parfois avoir l'impression qu'une partie de l'amour des parents qui devrait lui être destiné est maintenant donné aux frères et sœurs plus jeunes. Le deuxième enfant se sent instable et pense qu'il est inférieur au grand frère ou à la grande sœur. Ces frères et sœurs qui ont aussi bien un frère ou une sœur plus âgée et un frère ou une sœur plus jeune peuvent ressentir aussi bien de l'infériorité par rapport aux plus âgés que le fardeau de devoir donner aux plus petits. Ils peuvent également développer un sentiment d'être des victimes parce qu'ils n'arrivent pas à attirer l'attention des parents. Si les frères et sœurs ne font pas face correctement à ce genre d'émotions, il est probable qu'ils aient une relation négative avec leurs frères et sœurs.

Le premier meurtre de l'histoire des hommes était un fratricide.

La cause était la jalousie de Caïn envers son frère concernant les bénédictions de Dieu. Depuis lors, il y a eu d'innombrables luttes entre frères et sœurs tout au long de l'histoire. Joseph était haï de ses frères qui l'ont vendu pour être esclave en Egypte. Le fils de David, Absalom, a fait tuer son frère Amnon par l'un de ses hommes. Aujourd'hui encore, tant de frères et de sœurs se battent concernant l'héritage des parents. Ils deviennent ennemis l'un de l'autre.

Parfois, et bien que ce ne soit pas aussi grave que dans les exemples ci-dessus, ils se marient, commencent une famille et ne sont plus en mesure d'accorder autant d'attention qu'auparavant à leurs frères et sœurs. Je suis le dernier garçon d'une famille de six frères et sœurs. Mes grands frères et grandes sœurs m'aimaient beaucoup mais, lorsque je me suis retrouvé cloué au lit durant sept ans en raison de plusieurs maladies, nos relations ont changé. Je suis devenu un fardeau de plus en plus lourd pour eux. Ils ont essayé de m'aider dans mes maladies d'une certaine façon mais quand tout espoir a semblé avoir disparu, ils se sont mis à me tourner le dos.

## L'amour entre des voisins

Il existe en Corée une expression qui signifie « voisins cousins ». Elle est utilisée pour décrire des voisins qui sont aussi proches que des membres de la famille. Jadis, quand la plupart des gens vivaient de l'agriculture, les voisins étaient des personnes précieuses qui pouvaient s'aider les uns les autres. Aujourd'hui, cette expression a de moins en moins de raison d'être. A notre époque, les gens ferment leur porte à clé, même par rapport aux voisins. Nous utilisons même des systèmes de sécurité sophistiqués. Les gens ne savent même pas qui vit dans la maison à côté.

Ils ne se préoccupent pas des autres et ne cherchent pas à découvrir qui sont leurs voisins. Ils ne se préoccupent que d'eux-mêmes et seule leur famille proche est importante pour eux. Ils ne se font plus confiance les uns les autres. De plus, s'ils ont l'impression que leurs voisins sont une cause de désagréments, de dommages ou de préjudice, ils n'hésitent pas à les mettre en quarantaine, voire à se battre contre eux. Il y a aujourd'hui beaucoup de gens qui sont voisins et qui intentent des procès les uns envers les autres pour des questions insignifiantes. Quelqu'un a même poignardé son voisin qui vivait à l'appartement du dessus à cause du bruit qu'il faisait.

## L'amour entre des amis

Qu'en est-il donc de l'amour entre des amis ? Peut-être pensez-vous qu'un certain ami sera toujours de votre côté. Cependant, même un tel ami peut vous trahir et vous briser le cœur.

Dans certains cas, quelqu'un pourrait demander à ses amis de lui prêter une importante somme d'argent ou de devenir ses garants parce qu'il est sur le point de faire faillite. Si les amis refusent, il dira qu'il a été trahi et qu'il ne veut plus les voir. Cependant, qui est dans l'erreur ici ?

Si vous aimez vraiment votre ami, vous ne pourrez pas lui faire du tort de quelque manière que ce soit. Si vous êtes sur le point de faire faillite et que vos amis se portent garants pour vous, il est certain que vos amis et leurs familles pourraient souffrir avec vous. Est-ce de l'amour que de laisser ses amis prendre de tels risques ? La réponse est non. Pourtant, aujourd'hui, ce genre de situations n'est pas rare. De plus, la Parole de Dieu nous interdit d'emprunter et de prêter de l'argent et de donner des garanties ou devenir garants pour qui que ce soit. Lorsque nous désobéissons à des paroles de Dieu, des œuvres de Satan s'ensuivent dans la plupart des cas et les personnes impliquées connaissent des difficultés.

*«Mon fils, si tu as cautionné ton prochain, si tu t'es engagé pour autrui, si tu es enlacé par les paroles de ta bouche, si tu es pris par les paroles de ta bouche»* (Proverbes 6:1-2).

*«Ne sois pas parmi ceux qui prennent des engagements, parmi ceux qui cautionnent pour des dettes»* (Proverbes 22:26).

Certains pensent qu'il est sage de se faire des amis en fonction de l'avantage que telle ou telle relation pourrait nous apporter. Le fait est qu'aujourd'hui il est très difficile de trouver une personne qui sacrifierait volontairement de son temps, de son énergie et de son argent par amour véritable pour ses voisins ou ses amis.

J'ai eu beaucoup d'amis depuis mon enfance. Quand je ne croyais pas encore en Dieu, je considérais la fidélité entre amis comme ma vie. Je pensais que notre amitié durerait toujours. Toutefois, quand je me suis retrouvé dans mon lit de maladie pendant une période assez longue, j'ai vraiment compris que cet amour entre amis changeait également selon les avantages que l'on pouvait en tirer.

Dans un premier temps, mes amis ont fait des recherches pour trouver de bons docteurs ou de bons remèdes traditionnels et me conduisaient vers eux, mais quand rien ne fonctionnait, ils m'ont laissé un par un. Plus tard, les seuls amis que j'avais étaient des copains de jeux de hasard et de boisson. Même ces amis ne venaient pas chez moi parce qu'ils m'aimaient mais parce qu'ils avaient besoin d'un toit pendant un certain temps. Si dans leur amour charnel ils disent s'aimer l'un l'autre, cela change rapidement.

Comme ce serait formidable si des parents, des enfants, des frères, des sœurs, des amis et des voisins ne cherchaient pas leur propre avantage et ne changeaient jamais leur attitude. Lorsque c'est le cas, c'est parce qu'ils ont l'amour spirituel. Cependant, en général, ils n'ont pas cet amour spirituel et ne trouvent pas de véritable satisfaction. Ils cherchent l'amour auprès des membres de leur famille et des gens qui les entourent mais, en ce faisant, ils ne deviennent que de plus en plus assoiffés d'amour, comme s'ils buvaient de l'eau de mer pour tenter d'étancher leur soif.

Blaise Pascal disait qu'il y a un vide en forme de Dieu dans le cœur de chaque être humain qui ne peut être comblé par aucune créature. Seul Dieu, le créateur, révélé en Jésus, peut le combler. Nous ne pouvons connaitre la vraie satisfaction et souffrons du sentiment que rien n'a un sens jusqu'à ce que ce vide soit rempli par l'amour de Dieu. Faut-il en déduire que l'amour spirituel immuable n'existe pas dans ce monde? Au contraire! Il ne court pas les rues mais l'amour spirituel existe bel et bien. 1 Corinthiens

13 nous parle très clairement de l'amour véritable:

> *«L'amour est patient, il est plein de bonté; l'amour n'est point envieux; l'amour ne se vante point, il ne s'enfle point d'orgueil, il ne fait rien de malhonnête, il ne cherche point son intérêt, il ne s'irrite point, il ne soupçonne point le mal, il ne se réjouit point de l'injustice, mais il se réjouit de la vérité; il excuse tout, il croit tout, il espère tout, il supporte tout»* (1 Corinthiens 13:4-7).

Dieu nous appelle à ce genre d'amour spirituel et véritable. Si nous connaissons l'amour de Dieu et laissons la vérité nous changer, nous pouvons avoir cet amour spirituel. Soyons remplis de cet amour spirituel par lequel nous pouvons nous aimer les uns les autres de tout notre cœur, ainsi qu'une attitude qui ne change pas même si une situation ne nous apporte aucun avantage, voire même si elle nous cause du tort.

## Comment s'assurer que nous avons l'amour spirituel ?

Certains croient à tort qu'ils aiment Dieu. Pour vérifier à quel point nous avons cultivé le véritable amour spirituel et aimons Dieu, nous pouvons examiner nos émotions et nos actions dans les moments où nous avons traversé des tests qui nous ont raffinés, des épreuves et des difficultés. Nous pouvons vérifier à quel point nous avons cultivé l'amour véritable en considérant si nous nous réjouissons vraiment et sommes réellement reconnaissants du fond du cœur et si nous suivons continuellement la volonté de Dieu.

Si nous nous plaignons, avons du ressentiment par rapport à notre situation et recherchons des méthodes humaines et nous appuyons sur des gens, cela montre que nous n'avons pas l'amour spirituel. Cela prouve que notre connaissance de Dieu n'est qu'intellectuelle et qu'il ne s'agit pas d'une connaissance que nous avons semée et cultivée dans notre cœur. Tout comme un faux billet ressemble au vrai mais n'est qu'un morceau de papier sans valeur, l'amour qui n'est que connaissance n'est pas l'amour véritable. Il est sans valeur. Si, au contraire, notre amour pour le Seigneur ne change pas et que nous nous appuyons sur Dieu dans toutes situations et toutes épreuves, cela montre que nous avons cultivé le véritable amour, l'amour spirituel.

*«Maintenant donc ces trois choses demeurent: la foi, l'espérance, l'amour; mais la plus grande de ces choses, c'est l'amour.»*

1 Corinthiens 13:13

# Partie 2

# L'amour tel que dans le chapitre de l'amour

Chapitre 1 : Le genre d'amour que Dieu désire

Chapitre 2 : Les caractéristiques de l'amour

Chapitre 3 : L'amour parfait

# Le genre d'amour que Dieu désire

*«Quand je parlerais les langues des hommes et des anges,
si je n'ai pas l'amour, je suis un airain qui résonne,
ou une cymbale qui retentit.
Et quand j'aurais le don de prophétie,
la science de tous les mystères et toute la connaissance,
quand j'aurais même toute la foi jusqu'à transporter des
montagnes, si je n'ai pas l'amour, je ne suis rien. Et quand je
distribuerais tous mes biens pour la nourriture des pauvres,
quand je livrerais même mon corps pour être brûlé,
si je n'ai pas l'amour, cela ne me sert à rien.»*
1 Corinthiens 13:1-3

Voici le récit d'un incident qui a eu lieu dans un orphelinat d'Afrique du Sud. Les enfants ont commencé à tomber malade les uns après les autres. Cependant, personne ne pouvait trouver de raisons particulières à ces maladies. L'orphelinat a invité certains docteurs réputés pour qu'ils établissent un diagnostic. Après une recherche approfondie, les médecins ont déclaré: «Pendant qu'ils sont encore éveillés, embrassez les enfants et exprimez votre amour pour eux pendant 10 minutes.»

A leur grande surprise, ces maladies sans cause se sont mises à disparaitre. C'est parce que l'amour chaleureux était ce dont ces enfants avaient besoin plus que tout. Même si nous ne nous tracassons pas pour les dépenses quotidiennes parce que nous vivons dans l'abondance, sans amour nous ne pouvons pas avoir l'espoir ni la volonté de vivre. On peut dire que l'amour est le facteur le plus important de nos vies.

## L'importance de l'amour spirituel

Le treizième chapitre de 1 Corinthiens, aussi appeler le Chapitre de l'Amour, met d'abord l'accent sur l'importance de l'amour avant d'expliquer l'amour spirituel en détail. Cela s'explique par le fait que si nous parlons les langues des hommes et des anges mais n'avons pas l'amour, nous devenons un airain retentissant ou une cymbale sonore.

L'expression «les langues des hommes» ne se réfère pas au parler en langues comme dans le contexte des dons de l'Esprit. Il s'agit de toutes les langues de hommes qui vivent sur terre, comme l'anglais, le japonais, le français, le russe, etc. Des civilisations et des connaissances sont intégrées et transférées de génération en génération grâce au langage. Nous pouvons donc dire que le langage a vraiment une grande puissance. Les langues nous permettent également d'exprimer et de faire connaitre nos émotions, nos pensées de sorte à pouvoir persuader ou toucher les cœurs de beaucoup de gens. Les langues des hommes ont la puissance de faire bouger les hommes et d'accomplir de grandes choses.

L'expression «les langues des anges» se réfère aux belles paroles. Les anges sont des êtres spirituels qui représentent la «beauté». Lorsque certaines personnes disent de belles paroles d'une belle voix, leurs auditeurs les décrivent comme étant angéliques. Dieu déclare, cependant, que même les mots éloquents des hommes ou les belles paroles des anges ne sont que des airains retentissants ou des cymbales sonores (1 Corinthiens 13:1).

En fait, un morceau de métal ou d'airain ne donne pas un son très retentissant lorsqu'il est frappé. Si un morceau d'airain donne un son retentissant, cela signifie soit qu'il est creux à l'intérieur, soit qu'il est fin et léger. Les cymbales émettent un son retentissant parce qu'elles sont faites d'une fine couche de cuivre. Cela est également vrai pour les êtres humains. Nous avons une valeur comparable au blé dont l'épi est sorti de la graine lorsque nous devenons de véritables fils et filles de Dieu en remplissant nos cœurs d'amour. Au contraire, ceux qui sont dépourvus d'amour ne sont que de la paille sans substance. Pourquoi?

1 Jean 4:7-8 déclare: *«Bien-aimés, aimons-nous les uns les*

*autres; car l'amour est de Dieu, et quiconque aime est né de Dieu et connaît Dieu. Celui qui n'aime pas n'a pas connu Dieu, car Dieu est amour».* A savoir, ceux qui n'aiment pas n'ont rien à voir avec Dieu, ils sont comme la paille qui n'a aucun grain en elle.

Les paroles de ces gens sont sans valeur, même si elles sont éloquentes et belles, car ils ne peuvent pas donner le véritable amour ou la vie aux autres. En fait, ils ne provoquent qu'un sentiment d'inconfort chez les autres, comme le gong bruyant ou une cymbale qui retentit, car ils sont légers et vides à l'intérieur. En revanche, les paroles remplies d'amour ont la puissance étonnante de donner la vie. La vie de Jésus illustre bien cela.

## L'amour substantiel donne la vie

Un jour, Jésus enseignait dans le Temple quand les scribes et les Pharisiens ont amené une femme devant Lui. Elle avait été prise en flagrant délit d'adultère. Pas même un soupçon de compassion n'a pu être trouvé dans le regard de ces scribes et de ces Pharisiens qui ont amené là cette femme.

Ils ont dit à Jésus: *«Maître, cette femme a été surprise en flagrant délit d'adultère. Moïse, dans la loi, nous a ordonné de lapider de telles femmes: toi donc, que dis-tu?»* (Jean 8:4-5)

La loi d'Israël est la Parole et la Loi de Dieu. Elle contient une clause selon laquelle les adultères doivent être lapidés. Si Jésus répondait qu'ils devaient la lapider selon la Loi, cela l'aurait mis en contradiction par rapport à Ses propres paroles, car Il enseignait aux gens à aimer même leurs ennemis. Par contre, s'Il disait de lui pardonner, cela serait clairement une violation de la Loi. Cela reviendrait à s'opposer à la Parole de Dieu.

Les scribes et les Pharisiens étaient fiers d'eux-mêmes et pensaient qu'ils avaient à présent l'occasion de faire tomber Jésus. Ce dernier, qui connaissait très bien leurs cœurs, s'est simplement penché vers le sol et y a écrit quelque chose avec son doigt. Puis, Il s'est relevé et a dit: *«Que celui de vous qui est sans péché jette le premier la pierre contre elle»* (Jean 8:7).

Quand Jésus s'est une fois de plus penché pour écrire sur le sol avec son doigt, les gens sont partis, un par un, et il n'est plus resté que la femme et Jésus Lui-même. Jésus a sauvé la vie de cette femme sans violer la Loi.

D'une certaine façon, ce que les scribes et les Pharisiens disaient n'était pas faux car ils ont simplement déclaré ce que disait la Loi de Dieu. Cependant, les motivations de leurs paroles étaient bien différentes de celles de Jésus. Ils essayaient de nuire à autrui alors que Jésus essayait de sauver les âmes.

Si nous avons le genre de cœur que Jésus a, nous prierons en pensant aux paroles qui pourraient donner de la force aux autres et les conduire à la vérité. Nous essayerons d'apporter la vie avec chaque mot que nous prononçons. Certaines personnes essaient de persuader les autres avec la Parole de Dieu ou tentent de corriger les comportements d'autrui en faisant ressortir leurs lacunes et les erreurs qui, pensent-elles, ne sont pas bonnes. Même si ces paroles sont correctes, elles ne peuvent causer de changements chez les autres ou leur donner la vie tant que ces paroles ne sont pas prononcées par amour.

Par conséquent, nous devrions toujours nous remettre en

question afin de déterminer si nous parlons selon nos propres cadres de pensées et notre propre attitude moralisatrice ou si nos paroles sont motivées par l'amour donné afin de donner la vie à d'autres. Plutôt que de belles paroles enjôleuses, les paroles remplies d'amour spirituel peuvent devenir de l'eau de vie pour étancher la soif des âmes ou des perles précieuses qui apportent joie et réconfort aux âmes dans la douleur.

## L'amour avec des actes de sacrifice de soi

Le terme «prophétie» désigne généralement des messages concernant des événements futurs. Dans le sens biblique, il s'agit de recevoir le cœur de Dieu sous l'inspiration de l'Esprit Saint dans un but précis et de parler d'événements futurs. Prophétiser ne se fait pas selon la volonté humaine; 2 Pierre 1:21 déclare: «...*car ce n'est pas par une volonté d'homme qu'une prophétie a jamais été apportée, mais c'est poussés par le Saint-Esprit que des hommes ont parlé de la part de Dieu.*» Ce don de prophétie n'est pas donné au hasard à n'importe qui. Dieu ne donne pas ce don à une personne qui n'est pas devenue sanctifiée, car celle-ci pourrait devenir arrogante.

Le «don de prophétie», tel que dans le chapitre de l'amour spirituel, n'est pas un don réservé à quelques personnes spéciales. Cela signifie que quiconque croit en Jésus-Christ et demeure dans la vérité peut prédire et parler de l'avenir. A savoir, quand le Seigneur reviendra sur les nuées, ceux qui sont sauvés seront enlevés dans les airs et participeront au Banquet de Noces de Sept

Ans, mais ceux qui ne sont pas sauvés souffriront la Grande Tribulation de Sept Ans sur cette terre et seront précipités en enfer après le Jugement du Grand Trône Blanc. Cependant, même si tous les enfants de Dieu ont le don de prophétie dans ce sens de « parler des événements futurs », tous n'ont pas en eux l'amour spirituel. Après tout, sans l'amour spirituel, ils changeront leurs attitudes en fonction de leurs propres intérêts et le don de prophétie perdra toute sa raison d'être. Le don lui-même ne peut ni continuer, ni dépasser l'amour.

Le « mystère » désigne ici le secret caché depuis l'aube des temps, la prédication de la Croix (1 Corinthiens 1:18). La prédication de la Croix est la providence pour le salut de l'humanité, qui avait été établie par Dieu dès l'aube des temps selon Sa souveraineté. Dieu savait que les hommes allaient commettre des péchés et chuter vers le chemin de la mort. C'est pourquoi, Il a prévu que Jésus-Christ deviendrait le Sauveur avant même la création. Jusqu'à l'accomplissement de cette providence, Dieu l'a gardait secrète. Pourquoi a-t-Il agi de la sorte ? Si la voie du salut avait été connue, elle n'aurait pas été suivie en raison de l'ingérence de l'ennemi diable et Satan (1 Corinthiens 2:6-8). L'ennemi diable et Satan pensaient qu'ils seraient en mesure de garder pour toujours l'autorité qu'ils avaient reçue d'Adam s'ils parvenaient à tuer Jésus. Cependant, c'est parce qu'ils ont incité les gens à faire le mal et à tuer Jésus que la voie du salut a été ouverte ! Toutefois, même si nous connaissons ce si grand mystère, avoir une telle connaissance ne nous apporte rien si nous n'avons pas l'amour spirituel.

Cela est également vrai de la connaissance. Ici, le terme « toute connaissance » ne se réfère pas à l'apprentissage académique. Elle se réfère à la connaissance de Dieu et de la vérité révélée dans les 66 livres de la Bible. Quand nous apprenons à connaître Dieu au travers de la Bible, nous devons aussi Le rencontrer et faire l'expérience directe de Sa personne et croire en Lui du fond de nos cœurs. Sinon, la connaissance de la Parole de Dieu ne restera qu'un brin de connaissance dans notre tête. Nous pourrions même utiliser ces connaissances d'une manière défavorable, comme par exemple pour juger ou condamner les autres. Par conséquent, la connaissance sans amour spirituel ne nous sert à rien.

Et si nous avions une foi telle qu'il nous serait possible de déplacer une montagne ? Avoir une grande foi ne signifie pas nécessairement avoir un grand amour. Alors, pourquoi les volumes de foi et d'amour ne sont-ils pas proportionnels ? La foi peut grandir en voyant les signes, les prodiges et les œuvres de Dieu. Pierre a vu de nombreux signes et prodiges accomplis par Jésus et, à cause de cela, il a pu également marcher, ne serait-ce que pour un moment, sur l'eau quand Jésus a marché sur l'eau. Néanmoins, à ce moment, Pierre n'avait pas l'amour spirituel car il n'avait pas encore reçu le Saint-Esprit. Il n'avait pas encore non plus circoncis son cœur en rejetant le péché. Ainsi, quand sa vie a plus tard été menacée, il a renié Jésus trois fois.

Nous pouvons comprendre que notre foi peut grandir grâce à l'expérience mais l'amour spirituel n'est déversé dans nos cœurs que lorsque nous nous efforçons, sommes dévoués et faisons les sacrifices nécessaires pour rejeter le péché. Cela ne signifie cependant pas non plus qu'il n'y a pas de relation directe entre la foi et l'amour spirituel. Nous pouvons essayer de rejeter le péché et d'aimer Dieu et les âmes, parce que nous avons la foi. Toutefois, sans des œuvres pour réellement ressembler au Seigneur et cultiver l'amour vrai, notre travail pour le royaume de Dieu n'aura rien à voir avec Dieu, peu importe à quel point nous essayons d'être fidèles. Ce sera comme Jésus l'avait annoncé: *«Alors je leur dirai ouvertement: Je ne vous ai jamais connus, retirez-vous de moi, vous qui commettez l'iniquité»* (Matthieu 7:23).

## L'amour qui apporte des récompenses célestes

Habituellement, à la fin de l'année, de nombreuses organisations et individus donnent de l'argent à des sociétés de radio ou de presse écrite pour aider les nécessiteux. Et si leurs noms n'étaient pas mentionnés par le journal ou le diffuseur? Il y a des chances pour qu'il n'y ait pas beaucoup de personnes et entreprises qui feraient encore des dons.

Jésus dit dans Matthieu 6:1-2: *«Gardez-vous de pratiquer votre justice devant les hommes, pour en être vus; autrement, vous n'aurez point de récompense auprès de votre Père qui est dans les cieux. Lors donc que tu fais l'aumône, ne sonne pas de la trompette devant toi, comme font les hypocrites dans les synagogues et dans les rues, afin d'être glorifiés par les hommes. Je vous le dis en vérité, ils ont leur récompense.»* Si nous aidons les autres pour gagner l'honneur des hommes, nous pourrions être honorés pour un temps, mais nous ne recevrons pas de récompense de Dieu.

Ce type de générosité n'est que pour la satisfaction personnelle ou pour s'en vanter. Si quelqu'un ne fait un travail de charité que comme une formalité, son cœur s'élèvera de plus en plus au fur et à mesure qu'il reçoit de plus en plus de louanges. Si Dieu bénissait ce genre de personnes, celles-ci pourraient se considérer correctes aux yeux de Dieu. Elles ne circonciraient pas leur cœur et cela leur serait finalement nuisible. Si vous faites des œuvres de charité par amour pour vos prochains, vous ne vous soucierez pas de savoir si d'autres gens vous reconnaissent ou pas. C'est parce que vous croyez que Dieu le Père, qui voit ce que vous faites dans le secret, vous le rendra (Matthieu 6:3-4).

Les œuvres de bienfaisance dans le Seigneur ne concernent pas uniquement la fourniture des besoins essentiels de la vie, comme les vêtements, la nourriture et le logement. Il s'agit davantage de fournir le pain spirituel qui sauve l'âme. Aujourd'hui, qu'ils soient croyants dans le Seigneur ou pas, beaucoup de gens disent que le rôle des églises est d'aider les malades, les négligés et les pauvres. Ce n'est pas faux, bien sûr, mais les premiers devoirs de l'église consistent à prêcher l'évangile et à sauver les âmes afin qu'elles gagnent la paix spirituelle. Tels sont les buts ultimes des œuvres de bienfaisance.

Par conséquent, lorsque nous aidons les autres, il est très important de faire un bon travail de charité en recevant des conseils de l'Esprit Saint. Si une aide inadéquate est offerte à une certaine personne, il peut être plus facile pour cette personne de s'éloigner encore plus loin de Dieu. Dans le pire des cas, cela peut même la conduire sur la voie de la mort. Par exemple, si nous aidons ceux qui sont devenus pauvres à cause d'une consommation excessive d'alcool et de jeux de hasard ou ceux qui sont en difficultés parce qu'ils se sont opposés à la volonté de Dieu, notre aide va leur permettre d'aller encore plus dans le mauvais sens. Bien sûr, cela ne signifie pas non plus que nous ne devons pas aider ceux qui ne sont pas croyants. Nous devons aider les non-croyants en leur offrant l'amour de Dieu. Nous ne devons cependant pas oublier que le but principal des œuvres de bienfaisance consiste à répandre l'Evangile.

Pour ce qui est des nouveaux croyants qui ont une foi faible, il est impératif que nous les renforcions jusqu'à ce que leur foi grandisse.

Parfois, même parmi ceux qui ont la foi, certains ont des infirmités congénitales ou des maladies et d'autres ont eu des accidents qui les empêchent de gagner leur pain par leurs propres efforts. Certaines personnes âgées vivent seules et certains enfants doivent soutenir la famille en l'absence des parents. Ces personnes peuvent se trouver dans le besoin désespéré d'œuvres de bienfaisance. Si nous aidons ces personnes qui sont dans un besoin réel, Dieu fera prospérer notre âme et fera concourir toutes choses pour notre bien.

Dans Actes chapitre 10, Corneille est une personne qui a reçu la bénédiction. Il craignait Dieu et aidait beaucoup le peuple juif. Il était centurion, un officier de haut rang de l'armée d'occupation d'Israël. Dans sa situation, il a dû être difficile pour lui de venir en aide aux populations locales. Les Juifs devaient être prudents et méfiants de ce qu'il faisait et ses collègues étaient peut-être également critiques envers ces actions. Toutefois, parce qu'il craignait Dieu, il n'a pas arrêté les bonnes œuvres et la charité. Il se trouve que Dieu voyait toutes ses actions et a envoyé Pierre chez lui de telle sorte que non seulement sa famille proche, mais également tous ceux qui étaient avec lui dans sa maison, ont reçu le Saint-Esprit et le salut.

Ce ne sont pas seulement les œuvres de charité qui doivent être accomplies avec amour spirituel, mais également les sacrifices à Dieu. Dans Marc 12, nous lisons qu'une veuve a été félicitée par Jésus parce qu'elle a apporté une offrande de tout son cœur. Elle n'a donné que deux pièces de cuivre, soit tout ce qu'elle avait pour vivre. Alors, pourquoi Jésus l'a-t-Il félicitée ? Matthieu 6:21 déclare : *« Car là où est ton trésor, là aussi sera ton cœur. »* Comme nous l'avons dit, quand la veuve a donné tout ce qu'elle avait pour vivre, cela montrait que tout son cœur était incliné vers Dieu. Il s'agissait de l'expression de son amour pour Dieu. Par contre, les offrandes données à contrecœur ou en se préoccupant des attitudes et des opinions des autres ne plaisent pas à Dieu. Par conséquent, ces offrandes n'apportent rien à celui qui donne.

Parlons maintenant du sacrifice de soi. « Livrer son corps pour être brûlé » signifie ici « se sacrifier complètement ». Habituellement, les sacrifices sont faits par amour, mais ils peuvent être faits sans amour. Que sont donc les sacrifices offerts sans amour ?

Se plaindre de différentes choses après avoir accompli un travail pour Dieu est un exemple de sacrifice sans amour. Dépenser toute votre force, votre temps et votre argent à des œuvres pour Dieu sans que personne ne le reconnaisse et ne vous loue, puis se sentir déçu et s'en plaindre. Voir ses collègues de travail et avoir l'impression qu'ils ne sont pas aussi zélés que vous, même s'ils prétendent aimer Dieu et le Seigneur. Vous pouvez même vous dire qu'ils sont paresseux. En fin de compte, vous ne faites que juger et condamner ces personnes. Cette attitude cache le désir de voir vos mérites être révélés à d'autres, d'être loué par eux et de vous vanter avec arrogance de votre fidélité. Ce genre de sacrifice peut briser la paix entre les gens et provoquer le chagrin de Dieu. Voilà pourquoi des sacrifices sans amour ne servent à rien.

Peut-être ne vous plaignez-vous pas ouvertement avec des mots. Cependant, si personne ne reconnaît vos œuvres fidèles, vous devenez découragé et pensez que vous êtes sans valeur et votre zèle pour le Seigneur se refroidit. Si quelqu'un fait remarquer les défauts et les points faibles des œuvres que vous avez accomplies de toutes vos forces, qui ont été faites même au point de vous sacrifier, vous risquez de vous décourager et de blâmer ceux qui vous ont critiqué. Quand quelqu'un porte plus de fruits que vous et est loué et favorisé par d'autres, vous devenez jaloux et envieux. Puis, peu importe à quel point vous avez été fidèle et fervent auparavant, vous n'arrivez plus à trouver la vraie joie en vous. Il se peut même que vous laissiez tomber vos fonctions.

Il y a aussi ceux qui ne sont zélés que quand les autres regardent. Quand ils ne sont pas vus par les autres et qu'ils ne sont plus remarqués, ils deviennent paresseux et font leurs œuvres n'importe comment ou mal. Au lieu d'œuvres qui ne se voient pas de l'extérieur, ils n'essaient de n'accomplir que des œuvres très visibles pour les autres. Cela vient de leur désir de se révéler à leurs aînés et à beaucoup d'autres et d'être loués par eux.

Si une personne a la foi, comment peut-elle donc faire des sacrifices de soi sans amour? C'est parce qu'elle n'a pas l'amour spirituel. Elle n'a pas le sentiment d'appropriation, de croire en son cœur que ce qui est à Dieu est à elle et que ce qui est à elle est à Dieu.

Par exemple, comparez les situations dans lesquelles un agriculteur travaille son champ et un paysan travaille le champ d'un autre pour un salaire qui lui est versé. Quand un agriculteur travaille son champ, il est prêt à s'y donner à fond du matin jusqu'à tard le soir. Il ne laisse de côté aucune des tâches agricoles et il fait tout le travail sans faute. Cependant, quand un paysan engagé travaille dans un champ qui appartient à une autre personne, il ne dépense pas toute son énergie à faire le travail, mais il souhaite que le soleil se couche dès que possible pour recevoir son salaire et rentrer chez lui. Ce principe s'applique également au royaume de Dieu. Si les gens n'ont pas l'amour de Dieu dans leurs cœurs, ils vont travailler pour lui superficiellement, comme des mercenaires qui veulent juste leur salaire. Ils gémissent et se plaignent s'ils ne reçoivent pas le salaire qu'ils attendaient.

C'est pourquoi Colossiens 3:23-24 déclare: *«Tout ce que vous faites, faites-le de bon cœur, comme pour le Seigneur et non pour des hommes, sachant que vous recevrez du Seigneur l'héritage pour récompense. Servez Christ, le Seigneur.»* Aider les autres et se sacrifier sans amour spirituel n'a rien à voir avec Dieu, nous ne pouvons donc pas recevoir une récompense de la part Dieu (Matthieu 6:2).

Si nous voulons offrir un sacrifice d'un cœur sincère, nous devons posséder l'amour spirituel dans notre cœur. Si notre cœur est rempli d'amour vrai, nous pouvons continuer à consacrer notre vie au Seigneur avec tout ce que nous avons, que les autres nous reconnaissent ou non. Tout comme une bougie est allumée et brille dans les ténèbres, nous pouvons abandonner tout ce que nous possédons. Dans l'Ancien Testament, quand les sacrificateurs tuaient un animal pour l'offrir à Dieu comme sacrifice expiatoire, ils versaient le sang et brûlaient la graisse sur le feu de l'autel. Notre Seigneur Jésus, comme l'animal offert en victime expiatoire pour nos péchés, a versé jusqu'à la dernière goutte de Son sang et de Son eau pour racheter tous les hommes de leurs péchés. Il nous a montré un exemple de vrai sacrifice.

Pourquoi Son sacrifice a-t-il été efficace pour permettre à beaucoup d'âmes d'acquérir le salut? C'est parce que Son sacrifice a été accompli par un amour parfait. Jésus a accompli la volonté de Dieu au point de sacrifier Sa vie. Il a même offert une prière d'intercession pour les âmes au dernier moment de la crucifixion (Luc 23:34). En raison de ce vrai sacrifice, Dieu L'a élevé et Lui a donné la position la plus glorieuse dans le ciel.

C'est pourquoi Philippiens 2:9-10 déclare: *«C'est pourquoi aussi Dieu l'a souverainement élevé, et lui a donné le nom qui est au-dessus de tout nom, afin qu'au nom de Jésus tout genou fléchisse dans les cieux, sur la terre et sous la terre...»*

Si l'on rejette la cupidité et les désirs impurs et nous sacrifions nous-mêmes d'un cœur pur à l'exemple de Jésus, Dieu nous élèvera et nous conduira vers des positions plus élevées. Notre Seigneur promet dans Matthieu 5:8: *«Heureux ceux qui ont le cœur pur, car ils verront Dieu!»* Nous recevrons donc la bénédiction de pouvoir voir Dieu face à face.

## L'amour au-delà de la justice

Le pasteur Yang Won Sohn est surnommé «bombe atomique

de l'amour». Il a montré un exemple d'un sacrifice d'amour vrai. Il consacrait toute son énergie à prendre soin des lépreux. Il a également été mis en prison pour avoir refusé d'adorer les sanctuaires de guerre japonais sous la domination japonaise en Corée. Malgré son dévouement à Dieu, il a dû entendre des nouvelles choquantes. En Octobre 1948, deux de ses fils ont été tués par des soldats de gauche dans une rébellion contre les autorités au pouvoir.

Les gens ordinaires se seraient plaints à Dieu en disant: «Si Dieu est vivant, comment peut-il me faire ça?» Mais il a simplement rendu grâce à Dieu pour le fait que ses deux fils aient été des martyrs et soient dans le ciel aux côtés du Seigneur. En outre, il a pardonné le rebelle qui a tué ses deux fils et l'a même adopté comme son fils. Il a remercié Dieu en neuf aspects de la grâce durant l'enterrement de ses fils, ce qui a vraiment profondément touché le cœur de beaucoup de personnes.

«Tout d'abord, je rends grâce du fait que mes fils soient devenus martyrs quoi qu'ils soient nés de ma lignée, car je suis plein d'iniquités.

Deuxièmement, je rends grâce à Dieu de m'avoir donné cette famille comme ma famille parmi les familles de tant de croyants.

Troisièmement, je rends grâce du fait que mes premier et deuxième fils aient tous deux été sacrifiés, eux qui étaient les plus beaux de mes trois fils et trois filles.

Quatrièmement, il est difficile pour un fils de devenir martyr, mais j'ai deux fils qui sont devenus des martyrs, et je rends grâce pour cela.

Cinquièmement, mourir en paix avec la foi dans le Seigneur Jésus est une bénédiction et je rends grâce pour le fait qu'ils ont reçu la gloire du martyre en ayant été tués par balles alors qu'ils prêchaient l'Évangile.

Sixièmement, ils se préparaient à aller aux Etats-Unis pour étudier et maintenant ils sont allés au royaume des cieux, qui est un endroit bien meilleur que les Etats-Unis. Je suis soulagé et je rends grâce.

Septièmement, je rends grâce à Dieu qui m'a permis d'adopter comme fils adoptif l'ennemi qui a tué mon fils.

Huitièmement, je rends grâce parce que je crois qu'il y aura des fruits abondants du ciel pour le martyre de mes deux fils.

Neuvièmement, je rends grâce à Dieu qui m'a permis de ressentir l'amour de Dieu et d'être en mesure de me réjouir même dans ce genre d'épreuves.»

Pour pouvoir prendre soin des personnes malades, le pasteur Yang Won Sohn n'avait pas fui, et ce même pendant la guerre de Corée. Il a finalement été tué par les soldats communistes. Il a pris soin des malades qui étaient complètement négligés par les autres et il a traité avec bonté son ennemi qui avait tué ses fils. Il a été capable de se sacrifier de la sorte parce qu'il était plein d'amour vrai pour Dieu et les autres âmes.

Dans Colossiens 3:14 Dieu nous dit: *«Mais par-dessus toutes ces choses revêtez-vous de l'amour, qui est le lien de la perfection.»* Même si nous parlons le beau langage des anges, pouvons prophétiser et avons la foi pour déplacer une montagne, et si nous nous sacrifions pour ceux qui sont dans le besoin, ces actions ne sont pas parfaites aux yeux de Dieu tant qu'elles ne sont pas accomplies par amour vrai. Nous allons à présent nous pencher sur chaque caractéristique de l'amour vrai pour entrer dans la dimension infinie de l'amour de Dieu.

# Les caractéristiques de l'amour

*« L'amour est patient, il est plein de bonté;*
*l'amour n'est point envieux; l'amour ne se vante point,*
*il ne s'enfle point d'orgueil,*
*il ne fait rien de malhonnête,*
*il ne cherche point son intérêt, il ne s'irrite point,*
*il ne soupçonne point le mal, il ne se réjouit point de l'injustice,*
*mais il se réjouit de la vérité; il excuse tout, il croit tout,*
*il espère tout, il supporte tout. »*

1 Corinthiens 13:4-7

Dans Matthieu 24, nous découvrons une scène dans laquelle Jésus se lamente en regardant Jérusalem, sachant que Son temps était proche. Il devait être pendu sur la croix dans la providence de Dieu mais quand Il pensait à la catastrophe qui allait s'abattre sur les Juifs et Jérusalem, Il ne pouvait pas s'empêcher de se lamenter. Les disciples se demandaient pourquoi et ont posé une question: *«…quel sera le signe de ton avènement et de la fin du monde?»* (v. 3)

Alors, Jésus leur a parlé des nombreux signes et leur dit avec tristesse que l'amour se refroidirait: *«Et, parce que l'iniquité se sera accrue, l'amour du plus grand nombre se refroidira»* (v. 12).

Aujourd'hui, nous pouvons certainement avoir le sentiment que l'amour des gens est devenu froid. Beaucoup de gens cherchent l'amour mais ne savent pas ce qu'est le vrai amour, à savoir l'amour spirituel. Nous ne pouvons pas posséder l'amour véritable simplement parce que nous voulons l'avoir. Nous pouvons commencer à l'acquérir lorsque l'amour de Dieu est déversé dans notre cœur. Nous pouvons alors commencer à comprendre ce qu'est cet amour et, également, nous mettre à rejeter le mal de notre cœur.

Romains 5:5 dit: *«Or, l'espérance ne trompe point, parce que l'amour de Dieu est répandu dans nos cœurs par le Saint-Esprit qui nous a été donné.»* Comme nous l'avons dit, nous pouvons ressentir l'amour de Dieu grâce au Saint-Esprit dans notre cœur.

Dieu nous parle de chacune des caractéristiques de l'amour spirituel dans 1 Corinthiens 13:4-7. Les enfants de Dieu doivent apprendre à les connaitre et à les mettre en pratique pour pouvoir devenir des messagers de l'amour qui peuvent permettre aux gens de ressentir l'amour spirituel.

## 1. L'amour est patient

Celui qui manque de patience, parmi toutes les autres caractéristiques de l'amour spirituel, peut facilement décourager les autres. Prenons l'exemple d'un superviseur qui donnerait un certain travail à quelqu'un et que cette personne n'effectue pas le travail correctement. Le superviseur demandera sans hésiter à quelqu'un d'autre de le terminer. La première personne à laquelle la tâche a été confiée pourrait tomber dans le désespoir de ne pas avoir reçu une chance de se rattraper. Dieu a placé la «patience» comme première caractéristique de l'amour spirituel car il s'agit de la caractéristique la plus fondamentale pour la culture de l'amour spirituel. Si nous avons l'amour, attendre n'est pas ennuyeux.

Quand nous nous rendons compte de l'amour de Dieu, nous essayons de partager cet amour avec les gens autour de nous. Parfois, lorsque nous essayons d'aimer les autres de cette façon, nous obtenons des réactions négatives de gens qui peuvent vraiment briser notre cœur ou nous causer de graves pertes ou dommages. Ces gens ne nous sembleront plus sympathiques et nous ne serons pas en mesure de bien les comprendre. Pour avoir de l'amour spirituel, nous devons être patients même avec ces gens et les aimer. Même s'ils nous calomnient, nous haïssent ou essayent de nous mettre en difficultés sans raison, nous devons contrôler nos pensées pour être patients et les aimer.

Un membre de l'église m'a un jour demandé de prier pour la dépression de sa femme. Il a également dit qu'il était ivrogne et qu'une fois qu'il commençait à boire, il devenait une personne complètement différente et faisait beaucoup de mal à sa famille. Sa femme, cependant, a été patiente avec lui à chaque fois et a tenté de dissimuler ses fautes avec amour. Cependant, ses habitudes n'ont jamais changé et, avec le temps, il est devenu alcoolique. Sa femme a perdu la force de vivre et a été vaincue par la dépression.

Il a rendu les choses vraiment difficiles pour sa famille à cause de sa consommation d'alcool mais il est venu pour recevoir ma prière parce qu'il aimait toujours sa femme. Après avoir entendu son histoire, je lui ai dit: « Si vous aimez vraiment votre femme, est-ce si difficile d'arrêter de fumer et de boire? » Il n'a rien dit et semblait manquer de confiance en lui. Je me suis senti désolé pour sa famille. J'ai prié pour que sa femme soit guérie de la dépression et j'ai prié pour lui pour qu'il trouve la force d'arrêter de fumer et de boire. La puissance de Dieu est incroyable! Il a réussi à arrêter de penser à boire immédiatement après avoir reçu la prière. Avant, il n'y avait pas moyen pour lui d'arrêter de boire mais il y est arrivé immédiatement après avoir reçu la prière. Sa femme a également été guérie de la dépression.

## Etre patient est le commencement de l'amour spirituel

Pour cultiver l'amour spirituel, nous devons être patients avec les autres dans n'importe quel type de situation. Souffrez-vous d'inconforts dans votre persévérance? Ou, comme dans le cas de la femme de l'histoire, vous découragez-vous si vous avez été malade pendant une longue période et que la situation ne change pas du tout pour le mieux? Avant de rejeter le blâme sur les circonstances ou d'autres personnes, nous devons d'abord sonder notre cœur. Si nous avons entièrement cultivé la vérité dans notre cœur, il n'y a pas de situation dans laquelle nous ne pouvons pas être patients.

En fait, si nous ne pouvons pas être patients, cela signifie que, dans nos cœurs, nous avons encore de la méchanceté, qui est de la contrevérité, en plus de manquer de patience.

Etre patient implique que nous sommes patients avec nous-mêmes et toutes les difficultés que nous rencontrons quand nous essayons de manifester l'amour véritable. Nous pourrions rencontrer des situations difficiles quand nous essayons d'aimer tout le monde dans l'obéissance à la Parole de Dieu et c'est la patience de l'amour spirituel que d'être patient dans toutes les situations.

Cette patience est différente de la patience des neuf fruits de l'Esprit Saint de Galates 5:22-23. En quoi est-elle différente ? La « patience » des neuf fruits de l'Esprit Saint nous pousse à être patients en tout pour le royaume et la justice de Dieu tandis que la patience de l'amour spirituel consiste à être patient pour cultiver l'amour spirituel et, donc, elle a un sens plus étroit et plus spécifique. Nous pouvons dire qu'elle est incluse dans la patience des neuf fruits de l'Esprit Saint.

| La patience comme dans les neuf fruits de l'Esprit Saint | 1. Il s'agit de rejeter toutes les contrevérités et cultiver le cœur de la vérité<br>2. Il s'agit de comprendre les autres, de chercher leur avantage et d'être en paix avec eux<br>3. Il s'agit de recevoir des réponses à la prière, le salut et les choses que Dieu a promises |
|---|---|

De nos jours, les gens lancent très facilement des poursuites contre les autres pour le moindre dommage causé à leurs biens ou leur bien-être. Il y a une pléthore de procès entre les gens. Souvent, ils poursuivent même en justice leurs propres épouses ou maris, ou même leurs propres parents ou enfants. Si vous êtes patient avec les autres, il se pourrait même que les gens se moquent et disent que vous êtes insensé. Mais que dit Jésus?

Il est dit dans Matthieu 5:39: *«Mais moi, je vous dis de ne pas résister au méchant. Si quelqu'un te frappe sur la joue droite, présente-lui aussi l'autre»,* et dans Matthieu 5:40 *«Si quelqu'un veut plaider contre toi, et prendre ta chemise, laisse-lui encore ton manteau.»*

Jésus ne nous demande pas seulement de ne pas rendre le mal pour le mal mais également d'être patient. Il nous dit en plus de faire le bien envers ceux qui sont méchants. On pourrait penser: «Comment pouvons-nous leur faire du bien si nous sommes tellement en colère et blessés?» Si nous avons la foi et l'amour, nous serons plus que capables de le faire. C'est la foi dans l'amour de Dieu qui nous a donné son Fils unique comme victime expiatoire pour nos péchés. Si nous croyons que nous avons reçu ce genre d'amour, alors nous pouvons pardonner même les gens qui nous ont causé de grandes souffrances et des blessures. Si nous aimons Dieu qui nous a aimés au point de donner Son Fils unique pour nous et si nous aimons le Seigneur qui nous a donné Sa vie, nous serons capables d'aimer tout le monde.

## La patience sans limites

Certaines personnes gardent leur haine, leur colère ou leur tempérament et d'autres émotions négatives à l'intérieur jusqu'à ce qu'elles finissent par atteindre la limite de leur patience et exploser. Certaines personnes introverties ne s'expriment pas facilement et ne souffrent que dans leur cœur, ce qui conduit à des conditions défavorables pour la santé en raison du stress excessif. Cette patience ressemble au fait de compresser un ressort métallique avec nos mains. Si vous retirez vos mains, le ressort va jaillir et se mettre à bondir.

Le genre de patience que Dieu veut que nous ayons consiste à être patient jusqu'au bout sans aucun changement d'attitude. Pour être plus précis, si nous avons ce genre de patience, nous n'aurons même pas à être patient avec quoi que ce soit. Nous n'accumulerons pas de haine et de ressentiment dans nos cœurs mais rejetterons la mauvaise nature originelle qui provoque du ressentiment pour la transformer en amour et en compassion. C'est l'essence même de la signification spirituelle de la patience. Si nous n'avons aucun mal dans notre cœur mais uniquement l'amour spirituel dans sa plénitude, il ne sera pas difficile d'aimer même nos ennemis. En fait, nous commencerons par ne pas permettre à la moindre hostilité de se développer.

Si notre cœur est plein de haine, de querelles, d'envie et de jalousie, nous allons d'abord voir les points négatifs chez les autres personnes, même si elles sont en fait bonnes. C'est comme quand on porte des lunettes de soleil: tout semble plus sombre. Cependant, si nos cœurs sont pleins d'amour, alors même les personnes qui agissent mal nous paraîtront belles. Peu importe les insuffisances, lacunes, fautes ou faiblesses que les gens peuvent avoir, nous ne pourrons pas les haïr. Même s'ils nous haïssent et agissent mal envers nous, nous ne pourrons pas les haïr en retour.

La patience se trouve aussi dans le cœur de Jésus qui «ne brise point le roseau cassé, et n'éteint point le lumignon qui fume.» Cette patience se trouve au fond du cœur d'Etienne qui priait même pour ceux qui le lapidaient en disant: *«Seigneur, ne leur impute pas ce péché!»* (Actes 7:60) Ils l'ont lapidé uniquement parce qu'il leur a prêché l'Évangile. Jésus éprouvait-Il de la difficulté à aimer les pécheurs? Pas du tout! Son cœur est la vérité même.

Un jour, Pierre a posé une question à Jésus. *«Seigneur, combien de fois pardonnerai-je à mon frère, lorsqu'il péchera contre moi? Sera-ce jusqu'à sept fois?»* (Matthieu 18:21) Alors Jésus dit: *«Je ne te dis pas jusqu'à sept fois, mais jusqu'à soixante-dix fois sept fois»* (v. 22).

Cela ne veut pas que nous devons uniquement pardonner soixante-dix fois sept fois, ce qui revient à 490 fois. Spirituellement, le chiffre sept symbolise la perfection. Par conséquent, pardonner soixante-dix fois sept parle d'un pardon parfait. Nous pouvons ressentir l'amour sans limite et le pardon de Jésus.

## La patience qui accomplit l'amour spirituel

Bien sûr, il n'est pas facile de transformer notre haine en amour du jour au lendemain. Il nous faut être patients pendant une longue période de temps et sans cesse. Ephésiens 4:26 exhorte: *«Si vous vous mettez en colère, ne péchez point; que le soleil ne se couche pas sur votre colère.»*

Ici, il est dit «si vous vous mettez en colère» en s'adressant à ceux qui ont une foi faible. Dieu dit à ces gens que, même s'ils se mettent en colère en raison de leur manque de foi, ils ne doivent pas abriter leur colère jusqu'au coucher du soleil, à savoir «pour longtemps», mais simplement laisser ces sentiments disparaitre. Selon la mesure de foi de chacun, même quand une personne peut ressentir de la colère ou de la rancune qui monte dans son cœur, si elle tente de rejeter ces sentiments avec patience et endurance, elle peut changer son cœur selon la vérité et l'amour spirituel va croître peu à peu dans son cœur.

Quant à la nature pécheresse qui a pris racine au plus profond du cœur, une personne peut la rejeter en priant avec ferveur dans la plénitude du Saint-Esprit. Il est très important pour nous d'essayer de considérer les gens que nous n'aimons pas avec grâce et de leur manifester des actes de bonté. Au fur et à mesure que nous ferons cela, la haine de notre cœur va disparaître et nous serons capables d'aimer les gens. Nous n'aurons pas de conflit et nous ne détesterons personne. Nous serons également en mesure de vivre une vie heureuse comme au Ciel, comme le Seigneur l'a dit: *«Car voici, le royaume de Dieu est au milieu de vous»* (Luc 17:21).

Les gens disent que c'est comme s'ils étaient au Ciel quand ils sont vraiment heureux. De même, l'expression «le royaume des cieux est au milieu de vous» se réfère au fait que vous avez rejeté toutes les contrevérités de votre cœur et l'avez rempli de vérité, d'amour et de bonté. Ensuite, vous n'aurez pas à être patients parce que vous serez toujours heureux, joyeux et plein de grâce et que vous aimez tous ceux qui sont autour de nous. Plus vous avez rejeté le mal et accompli la bonté, moins vous aurez besoin d'être patient. Pour autant que vous accomplissiez l'amour spirituel, vous n'aurez pas à être patient et à contenir vos sentiments: vous serez en mesure d'attendre patiemment et pacifiquement que les autres changent avec amour.

Au Ciel, il n'y a ni larmes, ni douleurs, ni souffrances. Comme il n'y a pas du tout de mal au Ciel mais rien que de la bonté et de l'amour, vous ne détesterez personne, vous ne vous mettrez pas en colère et ne perdrez pas votre sang-froid à cause de qui que ce soit. Ainsi, vous n'aurez pas à retenir et à contrôler vos émotions. Bien sûr, notre Dieu n'a pas besoin d'être patient en quoi que ce soit parce qu'Il est l'amour en personne. La Bible dit que «l'amour est patient» parce que, en tant qu'êtres humains, nous avons une âme, nos idées et nos cadres de pensée. Dieu veut nous aider à comprendre que plus nous rejetons le mal et accomplissons la bonté, moins nous aurons besoin d'être patients.

## Transformer un ennemi en ami par la patience

Abraham Lincoln, seizième président des Etats-Unis, et Edwin Stanton n'étaient pas en bons termes quand ils étaient avocats. Stanton était issu d'une famille riche et avait reçu une bonne éducation. Le père de Lincoln était un pauvre cordonnier qui n'avait même pas terminé l'école primaire. Stanton se moquait de Lincoln avec des mots durs. Mais Lincoln ne se fâchait jamais et ne lui a jamais répondu avec animosité.

Après avoir été élu président, Lincoln a nommé Stanton

ministre de la guerre, l'un des postes les plus importants du gouvernement. Lincoln savait que Stanton était la bonne personne pour le poste. Plus tard, quand Lincoln a été abattu au Théâtre Ford, beaucoup de gens ont fui pour protéger leur propre vie. Mais Stanton a couru droit vers Lincoln. Il a tenu Lincoln dans ses bras et, les yeux remplis de larmes, il a dit: «Ici repose le plus grand homme aux yeux du monde. Voici le plus grand leader de l'histoire.»

La patience dans l'amour spirituel peut faire des miracles jusqu'à transformer des ennemis en amis. Matthieu 5:45 déclare: *«...afin que vous soyez fils de votre Père qui est dans les cieux; car il fait lever son soleil sur les méchants et sur les bons, et il fait pleuvoir sur les justes et sur les injustes.»*

Dieu est patient, même avec ceux qui font le mal, et veut qu'ils changent un jour. Si nous rendons le mal aux personnes qui font le mal, cela signifie que nous sommes mauvais nous aussi, mais si nous sommes patients et les aimons en regardant à Dieu qui nous récompensera, nous recevrons plus tard un beau lieu de séjour dans le Ciel (Psaume 37:8-9).

## 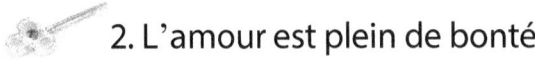 2. L'amour est plein de bonté

Parmi les Fables d'Esope, il y a une histoire sur le soleil et le vent. Un jour, le soleil et le vent ont fait un pari pour savoir qui serait le premier à retirer le manteau d'un passant. Le vent a d'abord essayé, a triomphalement gonflé ses joues et a envoyé un souffle assez fort pour renverser un arbre. L'homme s'est alors encore plus fermement enveloppé dans son manteau. Ensuite, le soleil, arborant un sourire sur son visage, a doucement diffusé des rayons chauds. Comme il a commencé à faire chaud, l'homme a eu chaud et a bientôt enlevé son manteau.

Cette histoire nous donne une très bonne leçon. Le vent a tenté de forcer l'homme à enlever son manteau mais le soleil a fait que l'homme enlève son manteau volontairement. La gentillesse est assez semblable. La gentillesse consiste à toucher et à gagner le cœur des autres non par la force physique, mais avec bonté et amour.

## La gentillesse accepte tout type de personne

Celui qui est plein de bonté peut accepter toute personne et beaucoup de gens peuvent se reposer à ses côtés. Dans le dictionnaire, la gentillesse peut être définie comme suit: «caractère de quelqu'un qui est gentil» et être gentil signifie être d'une nature indulgente. Un morceau de coton va nous aider à mieux comprendre la bonté. Le coton ne fait aucun bruit, même lorsque d'autres objets le percutent. Il enveloppe juste tous les autres objets.

La personne gentille est également comme un arbre à l'ombre duquel beaucoup de gens peuvent se reposer. Si vous passez sous un grand arbre durant une chaude journée d'été pour éviter le soleil torride, vous vous sentirez beaucoup mieux et plus frais. De même, si l'on a bon cœur, beaucoup de gens voudront être à côté de nous pour prendre du repos.

Habituellement, quand un homme est si gentil et doux qu'il ne se fâche pas avec ceux lui cherchent misère et n'insiste pas sur ses propres opinions, on dit qu'il s'agit une personne humble et bienveillante. Cependant, peu importe combien on peut être humble et doux, si cette bonté n'est pas reconnue de Dieu, elle ne peut pas être considérée comme de la douceur véritable. Certains obéissent à d'autres simplement parce que leurs natures sont faibles et conservatrices. D'autres retiennent leur colère, même si en pensée ils sont en colère quand d'autres leur font passer un moment difficile. Toutefois, ils ne peuvent pas être considérés comme gentils. Les gens qui n'ont pas de mal en eux mais qui n'ont que de l'amour dans le cœur acceptent et endurent les gens méchants avec la douceur spirituelle.

## Dieu veut la bonté spirituelle

La bonté spirituelle est le résultat de la plénitude de l'amour spirituel, sans la moindre trace de mal. Par cette bonté spirituelle, nous ne nous fâchons pas contre qui que ce soit, mais acceptons les autres, peu importe à quel point ils peuvent être difficiles. En outre, nous supporterons tout parce que nous sommes sages. Néanmoins, nous devons nous rappeler que nous ne pouvons pas être considérés comme gentils uniquement parce que nous comprenons sans condition, pardonnons les autres et sommes doux envers tout le monde. Nous devons aussi être dotés de justice, de dignité et d'autorité pour être en mesure de guider et d'influencer les autres. Ainsi, une personne spirituellement gentille n'est pas seulement douce, mais elle est également sage et honnête. Cette personne mène une vie exemplaire. Pour être plus précis, la bonté spirituelle, c'est avoir la douceur dans le fond du cœur et une générosité vertueuse à l'extérieur.

Même si nous possédons un bon cœur sans aucun mal mais rien que de la bonté, si notre douceur n'est qu'intérieure, elle ne suffit pas à nous permettre d'envelopper les autres comme le coton et d'avoir une influence positive sur eux. Donc, quand nous possédons non seulement la gentillesse intérieure, mais également de la générosité vertueuse extérieure, notre bonté sera perfectionnée et nous manifesterons une plus grande puissance. Si nous possédons la générosité avec un bon cœur, nous pouvons gagner les cœurs de beaucoup de gens et accomplir beaucoup plus.

Nous pouvons manifester le véritable amour pour les autres quand nous avons la bonté et la gentillesse de cœur, la plénitude de la compassion et la générosité vertueuse pour conduire les autres sur le droit chemin. Nous pourrons ensuite entraîner de nombreuses âmes sur le chemin du salut, le bon chemin. La gentillesse intérieure ne peut pas faire briller sa lumière sans la générosité vertueuse extérieure. Penchons-nous à présent sur ce que nous devrions faire pour cultiver la bonté intérieure.

# La norme de mesure de la bonté intérieure est la sanctification

Afin d'accomplir la bonté, nous devons tout d'abord nous débarrasser du mal de nos cœurs et être sanctifiés. Un bon cœur est comme le coton: même si quelqu'un agit de manière agressive, il ne fait pas de bruit mais enveloppe simplement la personne. Celui qui a bon cœur n'a aucun mal en lui et ne veut pas avoir de conflit avec d'autres personnes. Si nous avons un cœur dur, rempli de haine, de jalousie et d'envie ou un cœur endurci d'attitude moralisatrice et de cadres de pensée inflexibles, il sera difficile pour nous de comprendre les autres.

Si une pierre tombe et frappe une autre pierre dure ou un objet métallique solide, elle fera du bruit et rebondira. De la même façon, si notre ego charnel est encore en vie, nous dévoilerons nos mauvais sentiments, même si les autres ne causent que le plus petit des malaises. Quand il sera reconnu que certains ont des déficiences de caractère et d'autres défauts, nous ne pourrons pas les couvrir, les protéger ou compatir mais nous pourrions les juger, les condamner, répandre des commérages et les calomnier. Cela signifie par ailleurs que nous sommes comme un petit navire qui chavire si on essaye de mettre quoi que ce soit dedans.

Un petit cœur rempli de tant de choses immondes qu'il n'y a plus de place pour quoi que ce soit d'autre. Par exemple, nous pouvons nous sentir offensés si d'autres soulignent nos erreurs. Ou, quand nous voyons des autres murmurer, nous pouvons penser qu'ils parlent de nous et nous demanderons de quoi ils parlent. Nous pourrions même juger les autres simplement parce qu'ils nous fixent du regard, ne serait-ce que brièvement.

N'avoir aucun mal dans le cœur est la condition de base pour cultiver la bonté. En effet, quand il n'y a aucun mal dans nos cœurs, nous pouvons avoir de l'affection pour les autres dans notre cœur et les considérer avec bonté et amour. La personne gentille regarde les autres avec miséricorde et compassion tout le temps. Cette personne n'a pas l'intention de juger ou de condamner les autres, elle essaie juste de comprendre les autres avec amour et bonté, et même les cœurs des gens méchants fondront par sa chaleur.

Il est particulièrement important que ceux qui enseignent et guident les autres soient sanctifiés. S'ils ont du mal en eux, ils ne peuvent suivre que leurs propres pensées charnelles. Ainsi, ils ne peuvent pas discerner correctement les situations du troupeau, et sont donc incapables de guider les âmes vers les pâturages verts et les eaux paisibles Nous ne pouvons recevoir la direction du Saint-Esprit et comprendre les situations du troupeau correctement pour les conduire de la meilleure façon que lorsque nous sommes complètement sanctifiés. De plus, Dieu ne peut reconnaître que ceux qui sont complètement sanctifiés comme étant vraiment bons. Différentes personnes ont différentes normes par rapport au genre de personnes qui sont aimables. Cependant, la bonté aux yeux des hommes et aux yeux de Dieu sont deux choses différentes.

## Dieu a reconnu la bonté de Moïse

Dans la Bible, Moïse a été reconnu par Dieu pour sa bonté. Nous pouvons apprendre combien il est important d'être reconnu par Dieu à partir de Nombres 12. Un jour, le frère de Moïse,

Aaron, et sa sœur, Marie, ont critiqué Moïse pour avoir épousé une femme éthiopienne.

Nombres 12:2 déclare: *«Ils dirent: Est-ce seulement par Moïse que l'Eternel parle? N'est-ce pas aussi par nous qu'il parle? Et l'Eternel l'entendit.»*

Que dit Dieu à propos de ce qu'ils disaient? *«Je lui parle bouche à bouche, je me révèle à lui sans énigms, et il voit une représentation de l'Eternel. Pourquoi donc n'avez-vous pas craint de parler contre mon serviteur, contre Moïse?»* (Nombres 12:8).

Les commentaires négatifs émis par Aaron et Marie à l'encontre de Moïse ont fâché Dieu. A cause de cela Marie est devenue lépreuse. Aaron était comme un porte-parole pour Moïse et Marie était également l'une des personnes responsables de la congrégation. Parce qu'il était tellement tant aimé et reconnu par Dieu, quand ils ont pensé que Moïse avait mal agi, ils l'ont immédiatement critiqué.

Dieu n'a pas accepté qu'Aaron et Marie condamnent et parlent contre Moïse sur la base de leurs propres critères. Quel genre d'homme était Moïse? Il a été reconnu par Dieu comme étant plus humble et plus doux que quiconque sur la face de la terre. Il a également été fidèle dans toute la maison de Dieu et a pour cela joui de la confiance de Dieu à un tel point qu'il pouvait même parler avec Dieu de bouche à bouche.

Quand nous considérons le cheminement du peuple d'Israël pour s'échapper d'Egypte et entrer dans le pays de Canaan, nous pouvons comprendre pourquoi la reconnaissance de Dieu envers Moïse était si élevée. Les gens qui sont sortis d'Egypte ont péché à maintes reprises, et allaient à l'encontre de la volonté de Dieu. Ils se sont plaints de Moïse et lui faisaient des reproches, même pour des difficultés mineures, et cela revenait à se plaindre de Dieu. Chaque fois qu'ils se sont plaints, Moïse a invoqué la miséricorde de Dieu.

Il y a un incident qui montre de façon spectaculaire la bonté de Moïse. Alors que Moïse était sur le mont Sinaï pour recevoir les commandements, les gens se sont fait une idole, un veau d'or, et ils mangeaient, buvaient et se livraient à la débauche tout en l'adorant. Les Egyptiens adoraient des dieux ressemblant à un taureau et à une vache et ils ont imité ces dieux. Dieu leur avait tant de fois montré qu'Il était avec eux, mais ils n'ont montré aucun signe de changement. Finalement, la colère de Dieu est tombée sur eux. Mais à ce moment Moïse a intercédé pour eux en mettant en jeu sa propre vie *«Pardonne maintenant leur péché! Sinon, efface-moi de ton livre que tu as écrit»* (Exode 32:32).

L'expression «le livre que tu as écrit» fait référence au livre de vie qui contient les noms de ceux qui sont sauvés. Si un nom est effacé du livre de vie, la personne ne peut être sauvée. Cela signifie non seulement ne pas obtenir le salut, mais encore souffrir en enfer pour toujours. Moïse croyait en la vie après la mort mais il voulait sauver le peuple même si cela devait signifier renoncer pour eux au salut. En cela, le cœur de Moïse était fort similaire au cœur de Dieu qui ne voulait qu'aucun périsse.

## Moïse a cultivé la bonté au travers d'épreuves

Bien sûr, Moïse n'avait pas cette bonté dès le début. Bien

qu'Hébreu, il a été élevé comme fils d'une princesse égyptienne et ne manquait de rien. Il a été instruit dans les plus hauts niveaux égyptiens de connaissances et de techniques de combat. Il était également orgueilleux et arrogant. Un jour, il a vu un Egyptien frapper un Hébreu et, motivé par son attitude moralisatrice, il a tué l'Egyptien.

En raison de cela, il est devenu fugitif du jour au lendemain. Heureusement, il est devenu berger dans le désert avec l'aide d'un sacrificateur de Madian, mais il avait tout perdu. Faire paitre un troupeau est une activité que les Egyptiens considéraient très méprisable. Durant 40 ans, il a dû faire ce qu'il méprisait. Durant cette période, il s'est humilié complètement et a réalisé beaucoup de choses sur l'amour de Dieu et la vie.

Dieu n'a pas appelé Moïse, le prince d'Egypte, à être le meneur du peuple d'Israël. Dieu a appelé Moïse, le berger qui s'est abaissé à plusieurs reprises, même lors de l'appel de Dieu. Il s'est humilié complètement et a rejeté au loin le mal de son cœur au travers d'épreuves et c'est pour cette raison qu'il a pu mener plus de 600.000 hommes hors d'Égypte vers le pays de Canaan.

Donc, ce qui importe dans la culture de la bonté, c'est de cultiver la bonté et l'amour en nous humiliant devant Dieu durant les épreuves qu'il nous est donné de traverser. La mesure de notre humilité fait également une différence dans notre niveau bonté. Si nous sommes satisfaits de notre état actuel et estimons avoir cultivé la vérité dans une certaine mesure et sommes reconnus par les autres, comme c'était le cas pour Aaron et Marie, nous ne pourrons que devenir plus arrogants.

# La générosité vertueuse rend parfaite la bonté spirituelle

Afin de cultiver la bonté spirituelle, il faut non seulement être sanctifiés en rejetant toute forme de mal mais également cultiver la générosité vertueuse. La générosité vertueuse consiste à largement comprendre et accepter les autres avec justice, à faire le bien selon les devoirs de l'homme, et à avoir le caractère de permettre aux autres de soumettre et d'abandonner leur cœur, en comprenant leurs lacunes et en les acceptant, et non par la force physique. Ce genre de personnes ont l'amour qui inspire la confiance et font confiance aux autres.

La générosité vertueuse peut être assimilée aux vêtements que les gens portent. Peu importe à quel point nous sommes bons intérieurement, si nous sommes nus, nous serons méprisés par les autres. De même, peu importe à quel point nous sommes bons, nous ne pouvons pas vraiment montrer la valeur de notre bonté sans cette générosité vertueuse. Par exemple, une personne peut être pleine de bonté à l'intérieur, mais elle parle de choses inutiles quand elle parle avec les autres. Cette personne n'a pas de mauvaises intentions mais ne peut pas vraiment gagner la confiance des autres car elle n'a pas vraiment l'air bien éduquée ou instruite. Certaines personnes n'ont pas de rancune, car elles ont de la bonté et ne causent aucun préjudice à autrui. Mais si elles n'aident pas activement les autres ou ne prennent pas soin des autres avec délicatesse, il leur sera difficile de gagner le cœur de bon nombre de gens.

Les fleurs qui n'ont pas de belles couleurs ou un bon parfum ne peuvent pas attirer les abeilles ou les papillons, et ce même si elles ont beaucoup de nectar. De même, si nous sommes très bons et pouvons tendre l'autre joue quand on nous gifle, notre bonté ne peut pas vraiment briller à moins que nous fassions preuve de générosité vertueuse dans nos paroles et nos actions. La véritable bonté n'est complète et ne peut montrer sa vraie valeur que lorsque la bonté intérieure porte l'habit extérieur de la générosité vertueuse.

Joseph avait cette générosité vertueuse. Il était le onzième fils de Jacob, le père de tout Israël. Joseph était haï de ses frères et a été vendu à un jeune âge pour être esclave en Egypte. Mais, avec l'aide de Dieu, il est devenu premier ministre d'Egypte à l'âge de trente ans. L'Egypte était à l'époque une nation très puissante centrée sur le Nil. Il s'agit de l'un des quatre grands « berceaux de la civilisation ». Les dirigeants et le peuple étaient très fiers d'eux-mêmes et il n'était pas du tout facile pour un étranger de devenir premier ministre. S'il avait commis la moindre erreur, il aurait dû démissionner immédiatement.

Même dans une telle situation, cependant, Joseph a très bien géré l'Egypte et a fait preuve de beaucoup de sagesse. Il était bon et humble et aucune faute ne pouvait être trouvée dans ses paroles et ses actions. Il avait également de la sagesse et de la dignité en tant que dirigeant. Il avait le pouvoir de second du roi mais il n'a pas essayé de dominer les gens ou de se mettre en avant. Il était sévère envers lui-même, mais très généreux et doux envers les autres. Par conséquent, le roi et les autres ministres n'ont pas eu à avoir de réserve et de prudence à son égard ou à être jaloux de lui; ils ont mis leur confiance totale en lui. Nous pouvons déduire ce fait de la façon dont les Egyptiens ont salué chaleureusement la famille de Joseph lorsque celle-ci a déménagé de Canaan en Egypte pour échapper à la famine.

## La bonté de Joseph était accompagnée de générosité vertueuse

Celui qui possède cette générosité vertueuse a un large cœur et ne portera pas un jugement et une condamnation envers d'autres en fonction de ses propres critères, même s'il est droit dans ses paroles et ses actes. Cette caractéristique de Joseph est bien illustrée quand ses frères, qui l'avaient vendu comme esclave en Egypte, sont entrés en Egypte pour obtenir de la nourriture.

Dans un premier temps, les frères n'ont pas reconnu Joseph. Cela est tout à fait compréhensible car ils ne l'avaient pas vu depuis plus de vingt ans. En outre, ils n'auraient pas pu imaginer que Joseph soit devenu le premier ministre d'Egypte. Comment Joseph s'est-il donc senti quand il a vu ses frères qui ont failli le tuer et qui, finalement, l'ont vendu comme esclavage en Egypte ? Il avait le pouvoir de les faire payer pour leur péché. Mais Joseph ne voulait pas se venger. Il a caché son identité et les a testés deux fois pour voir si leur cœur était le même que dans le passé.

Joseph leur donnait en fait une chance de se repentir de leurs péchés devant Dieu par eux-mêmes, parce que le péché de planifier de tuer et de vendre leur propre frère comme esclave dans un autre pays n'était pas une chose légère. Il ne leur a pas simplement pardonnés ou punis à l'aveugle, mais il a mené les évènements de façon à ce que ses frères puissent se repentir de leurs péchés de leur propre chef. Finalement, ce n'est qu'après que les frères se sont souvenus de leur faute et ont exprimé leur remord que Joseph a révélé son identité.

A ce moment, ses frères ont pris peur. Leurs vies étaient entre les mains de leur frère Joseph, qui était maintenant le premier ministre d'Egypte, le pays le plus puissant au monde à ce moment-là. Cependant, Joseph n'avait pas envie de leur demander pourquoi ils avaient fait ce qu'ils avaient fait. Il ne les a pas menacés en disant: «Maintenant, vous allez payer pour vos péchés.» Il a plutôt essayé de les réconforter et de mettre leur esprit à l'aise. *«Maintenant, ne vous affligez pas, et ne soyez pas fâchés de m'avoir vendu pour être conduit ici, car c'est pour vous sauver la vie que Dieu m'a envoyé devant vous»* (Genèse 45:5).

Il a reconnu le fait que tout se passait selon le plan de Dieu. Joseph n'a pas seulement pardonné ses frères du fond de son cœur, mais il a également réconforté leur cœur par des mots touchants, les a compris complètement. Cela signifie que Joseph a manifesté cette vertu qui pourrait même toucher les ennemis: la générosité vertueuse portée vers l'extérieur. La bonté de Joseph accompagnée de générosité vertueuse était la source de la force qui a permis de sauver tant de vies en et aux alentours d'Egypte et a servi de base à l'accomplissement du plan étonnant de Dieu. Comme expliqué jusqu'ici, la générosité vertueuse est l'expression extérieure de la bonté intérieure et elle peut gagner le cœur de beaucoup de gens et manifester une grande puissance.

## La sanctification est nécessaire pour posséder la générosité vertueuse

Tout comme la bonté intérieure ne peut être obtenue que par la sanctification, la générosité vertueuse ne peut elle aussi être cultivée quand nous rejetons le mal et sommes sanctifiés. Bien sûr, même celui qui n'est pas sanctifié pourrait être en mesure de manifester les actions vertueuses et généreuses dans une certaine mesure à cause de son éducation ou parce qu'il est né avec un grand cœur. Mais la vraie générosité vertueuse ne peut émaner que d'un cœur qui est libre de tout mal et ne suit que la vérité. Si nous voulons cultiver complètement la générosité vertueuse, il ne suffit pas d'arracher les principales racines du mal de notre cœur. Nous devons rejeter même les traces du mal (1 Thessaloniciens 5:22).

Il est dit dans Matthieu 5:48: *«Soyez donc parfaits, comme votre Père céleste est parfait.»* Quand nous avons rejeté toutes sortes de maux du cœur et devenons également irréprochables dans nos paroles, nos actes et nos comportements, nous pouvons cultiver une bonté telle que beaucoup de gens pourront se reposer en nous. C'est pourquoi, nous ne devons pas être satisfaits quand nous avons enfin atteint le niveau de rejeter le mal comme la haine, l'envie, la jalousie, l'arrogance et le tempérament chaud. Nous devons également rejeter même les méfaits mineurs du corps et manifester les actes de la vérité au travers de la Parole de Dieu et de prières ferventes en recevant la direction du Saint-Esprit.

Quelles sont ces méfaits du corps? Romains 8:13 affirme: *«Si vous vivez selon la chair, vous mourrez; mais si par l'Esprit vous faites mourir les actions du corps, vous vivrez.»*

Ici, le terme «corps» ne fait pas simplement référence au corps physique. Le corps se réfère spirituellement au corps de l'homme après que la vérité n'a plus été en lui. Par conséquent, les actions du corps se réfèrent à des actes qui viennent de contrevérités qui ont rempli l'humanité qui s'est changée pour devenir charnelle. Les actions du corps ne comprennent pas seulement les péchés évidents, mais aussi toutes sortes d'actes ou actions imparfaites.

J'ai fait une expérience particulière dans le passé. Quand je touchais un objet, c'était comme si j'avais reçu un choc électrique et je me contractais à chaque fois. J'avais peur de toucher quoi que ce soit. Naturellement, chaque fois que je touchais quoi que ce soit par la suite, je me mettais en prière pour invoquer le Seigneur. Je n'avais pas ces sentiments quand je touchais des objets en faisant très attention. En ouvrant la porte, je manipulais la poignée très doucement. Je devais être très prudent, même quand je donnais la main à des membres de l'église pour les saluer. Ces phénomènes ont duré plusieurs mois et tous mes comportements sont devenus très prudents et doux. Plus tard, je me suis rendu compte que Dieu avait rendu mes actions du corps parfaites au travers de ces expériences.

Cela peut être considéré comme futile mais la façon de se comporter est très important. Certaines personnes établissent habituellement un contact physique avec les autres quand elles rient ou parlent avec des gens qui sont à côté d'elles. Certains parlent très fort, quel que soit le temps et le lieu, et rendent les autres mal à l'aise. Ces comportements ne sont pas de grands défauts mais restent des méfaits imparfaits du corps. Ceux qui possèdent la générosité vertueuse ont des comportements intègres dans leur vie quotidienne et beaucoup de gens souhaitent trouver le repos près d'eux.

## Changer le caractère du cœur

Ensuite, nous devons cultiver le caractère de notre cœur pour posséder la générosité vertueuse. Les caractères du cœur sont liés à la taille du cœur. Selon leur caractère de cœur, certaines personnes font plus que ce qui est attendu d'elles tandis que d'autres se contentent de faire le minimum, voire même un peu moins que cela. L'homme qui possède la générosité vertueuse a un caractère de cœur grand et large, de sorte qu'il ne se préoccupe pas seulement de ses propres affaires personnelles mais prend également soin des autres.

Philippiens 2:4 dit: *«Que chacun de vous, au lieu de considérer ses propres intérêts, considère aussi ceux des autres.»* Ce caractère de cœur peut changer selon la façon dont nous élargissons notre cœur en toutes circonstances, et nous pouvons le changer grâce aux efforts continuels. Si nous ne sommes impatiemment qu'à la recherche de nos propres intérêts personnels, nous devons prier en détail et changer notre esprit étroit en un plus large qui considère tout d'abord le bénéfice et les situations des autres.

Jusqu'à ce qu'il ait été vendu comme esclave en Egypte, Joseph a été élevé comme les plantes et les fleurs cultivées dans une serre. Il ne pouvait ni prendre soin de toutes les affaires de la maison, ni mesurer les cœurs et les situations de ses frères qui n'étaient pas aimés par leur père. Grâce à diverses épreuves, cependant, il a fini par posséder un cœur capable d'observer et de gérer tous les coins de son entourage, et il a appris à considérer le cœur des autres.

Dieu a élargi le cœur de Joseph en préparation pour le moment où Joseph allait devenir le premier ministre d'Egypte. Si nous développons ce caractère de cœur avec un cœur bon et irréprochable, nous pourrons aussi gérer et prendre soin d'une importante organisation. Il s'agit d'une vertu que tout leader doit posséder.

## Bénédictions liées à la bonté

Quel genre de bénédictions seront données à ceux qui ont développé la bonté parfaite en enlevant le mal du cœur et en cultivant la générosité vertueuse extérieure? Comme cela est affirmé dans Matthieu 5:5: *«Heureux les débonnaires, car ils hériteront la terre!»*, et dans Psaumes 37:11: *«Les misérables possèdent le pays, et ils jouissent abondamment de la paix»*, ils peuvent hériter la terre. La terre symbolise ici le lieu d'habitation du royaume des cieux et hériter la terre signifie «jouir d'une grande puissance dans le ciel à l'avenir.»

Pourquoi jouiront-ils d'une grande autorité dans le ciel? Une personne pleine de bonté fortifie les autres âmes avec le cœur de Dieu notre Père et touche leurs cœurs. Plus une personne est remplie de bonté, plus les âmes pourront se reposer en elle et être guidée par elle vers le salut. Si nous pouvons devenir un homme grand en qui beaucoup de gens trouvent le repos, nous aurons grandement servi les autres. L'autorité céleste sera donnée à ceux qui servent. Matthieu 23:11 déclare: *«Le plus grand parmi vous sera votre serviteur.»*

En conséquence, une personne douce sera en mesure de profiter d'une grande puissance et d'hériter de la terre vaste et large comme lieu d'habitation quand elle arrivera au Ciel. Même sur cette terre, ceux qui ont un grand pouvoir, de la richesse, de la renommée et de l'autorité sont suivis par de nombreuses personnes. Mais s'ils perdent tout ce qu'ils possèdent, ils perdront l'essentiel de leur autorité, et un grand nombre des personnes qui les suivaient les quitteront. L'autorité spirituelle qui suit la personne pleine de bonté est différente de celle de ce monde. Elle ne disparaît ni ne change. Sur cette terre, alors que son âme prospère, cette personne aura du succès en toutes choses. Et, dans le Ciel, elle sera très aimée de Dieu pour toujours et sera respectée par d'innombrables âmes.

## 3. L'amour n'est point envieux

Certains excellents étudiants organisent et rassemblent leurs notes sur les questions qu'ils ont ratées lors de tests. Ils examinent la raison pour laquelle ils n'ont pas réussi à obtenir les bonnes réponses et cherchent à comprendre le sujet à fond avant d'aller plus loin. Ils estiment cette méthode très efficace pour l'apprentissage de la matière qu'ils trouvent difficile en un court laps de temps. Cette même méthode peut également être appliquée lors de la culture de l'amour spirituel. Si nous examinons nos actes et paroles en détail et rejetons au loin chacun de nos défauts un par un, nous pourrons atteindre l'amour spirituel en un court laps de temps. Examinons la prochaine caractéristique de l'amour spirituel: «L'amour n'est point envieux».

L'envie apparaît quand un sentiment d'amertume et de tristesse jalouse grandit de façon excessive et que de mauvais actes sont commis contre une autre personne. Si nous avons le sentiment d'être jaloux et envieux dans notre esprit, nous aurons des ressentiments quand nous verrons quelqu'un d'autre être félicité ou favorisé. Si nous trouvons une personne plus compétente, plus riche et plus qualifiée que nous, ou si l'un de nos collègues devient prospère et gagne la faveur de beaucoup de gens, nous pourrions nous sentir envieux. Dans certains cas, nous pourrions haïr cette personne, vouloir tout lui prendre par ruse et lui marcher dessus.

Nous pourrions également nous sentir découragés et penser: «Il a la faveur des autres, mais, moi, que suis-je? Je ne suis rien!» En d'autres termes, nous pourrions nous sentir découragés du fait de nous comparer aux autres. Lorsque nous nous sentons découragés, certains d'entre nous peuvent penser qu'il ne s'agit pas de jalousie. Cependant, l'amour se réjouit de la vérité. En d'autres termes, si nous possédons l'amour vrai, nous nous réjouirons quand une autre personne est prospère. Si nous sommes découragés et nous lamentons, ou si nous ne nous réjouissons pas de la vérité, notre ego ou « moi » est toujours actif. Parce que notre « moi » est vivant, notre orgueil est blessé quand nous nous sentons inférieurs aux autres.

Lorsque l'esprit envieux se développe, il se manifeste en paroles et en actes méchants, c'est de cette jalousie dont il est question dans le chapitre sur l'amour. Si la jalousie se développe à un point grave, on pourrait en arriver à blesser ou même à tuer d'autres personnes. La jalousie est la révélation extérieure d'un cœur mauvais et sale et il est donc difficile pour ceux qui souffrent de la jalousie de recevoir le salut (Galates 5:19-21). En effet, la jalousie est une œuvre évidente de la chair, soit un péché commis visiblement à l'extérieur. La jalousie peut être classée en plusieurs catégories.

## La jalousie dans une relation romantique

La jalousie est provoquée à se mettre en action quand une personne dans une relation désire recevoir plus d'amour et de faveur de la part de l'autre que ce qu'il ou elle reçoit. Par exemple, les deux femmes de Jacob, Léa et Rachel, étaient jalouses l'une de l'autre et chacune désirait être davantage favorisée par Jacob. Léa et Rachel étaient sœurs, deux filles de Laban, l'oncle de Jacob.

Jacob a épousé Léa suite à l'escroquerie de son oncle Laban, indépendamment de sa volonté. Jacob aimait en fait la jeune sœur de Léa, Rachel, et l'a gagnée pour être sa femme après 14 ans de service pour son oncle. Dès le début, Jacob aimait Rachel plus que Léa. Mais Léa a donné naissance à quatre enfants tandis que Rachel ne pouvait pas avoir d'enfants.

A cette époque, il était honteux pour des femmes de ne pas avoir d'enfants et Rachel était continuellement jalouse de sa sœur Léa. Elle était tellement aveuglée par sa jalousie qu'elle a également rendu la vie dure à son mari Jacob. *«Donne-moi des enfants, ou je meurs!»* (Genèse 30:1)

Aussi bien Rachel que Léa ont donné leur servante respective à Jacob comme concubine afin de gagner son amour de façon exclusive. Si elles avaient possédé un peu de véritable amour dans leurs cœurs, elles auraient pu se réjouir quand l'autre était plus favorisée par leur mari. Tous, Léa, Rachel et Jacob, ont été rendus malheureux par cette jalousie. En outre, elle a également affecté leurs enfants.

## La jalousie quand les autres connaissent des circonstances plus favorables

L'aspect de la jalousie varie selon les valeurs de la vie de chacun. Cependant, généralement, quand l'autre est plus riche, plus informé, et plus compétent que nous, ou quand l'autre est plus favorisé et aimé, nous pouvons devenir jaloux. Il n'est pas difficile de se retrouver dans des situations de jalousie à l'école, au travail et à la maison quand la jalousie vient du sentiment que quelqu'un d'autre est mieux loti que nous. Si un contemporain progresse et est plus prospère que nous, nous pourrions le haïr et le calomnier. Nous pourrions penser que nous devons marcher sur les autres pour être plus prospères et plus favorisés.

Par exemple, certaines personnes révèlent les défauts et les lacunes des autres dans le cadre du lieu de travail et amènent les autres à se retrouver injustement soupçonnés par les supérieurs parce qu'elles veulent être la personne qui est promue dans l'entreprise. Les jeunes étudiants ne sont pas non plus des exceptions. Certains étudiants importunent les autres étudiants qui excellent académiquement ou intimident ceux qui sont favorisés par l'enseignant. A la maison, les enfants calomnient et se disputent avec leurs frères et sœurs pour obtenir plus de reconnaissance et de faveur des parents. D'autres le font parce qu'ils veulent hériter de plus de possessions des parents.

Tel était le cas de Caïn, le premier meurtrier de l'histoire humaine. Dieu n'a accepté que l'offrande d'Abel. Caïn se sentait méprisé et sa jalousie brûlait en lui et il a fini par tuer son frère Abel. Il doit avoir entendu ses parents, Adam et Eve, parler à plusieurs reprises du sacrifice du sang des animaux et il en avait sûrement bien conscience. *«Approchons-nous donc avec un cœur sincère, dans la plénitude de la foi, les cœurs purifiés d'une mauvaise conscience, et le corps lavé d'une eau pure»* (Hébreux 9:22).

Néanmoins, il a tout de même offert des sacrifices de la récolte de la terre qu'il exploitait. Au contraire, Abel a du fond de son cœur donné en sacrifice le premier-né d'une brebis, selon la volonté de Dieu. Certains pourraient dire qu'il n'était pas difficile pour Abel de donner le sacrifice d'un agneau car il était berger, mais ce n'est jamais vrai. Il a appris la volonté de Dieu de ses parents et il a voulu suivre cette volonté. C'est pour cette raison que Dieu n'a accepté que le sacrifice d'Abel. Caïn est devenu jaloux de son frère et ne regrettait pas du tout son erreur. Une fois allumée, la flamme de sa jalousie ne pouvait plus être éteinte et, finalement, il a tué son frère Abel. Que de douleurs pour Adam et Eve en raison de tout cela!

## La jalousie entre des frères dans la foi

Certains croyants sont jaloux d'un autre frère ou sœur dans la foi qui est en avance sur eux dans l'ordre, la position, la foi ou la fidélité à Dieu. Cela se produit généralement lorsque l'autre est environ du même âge, en position et en années de conversion, ou quand les personnes se connaissent bien.

Comme Matthieu 19:30 le dit: «*Plusieurs des premiers seront les derniers, et plusieurs des derniers seront les premiers*», parfois ceux qui sont derrière nous en années de foi, en âge et en position dans l'église pourraient se retrouver devant nous. Nous pourrions alors nous sentir fort jaloux par rapport à eux. Cette jalousie n'existe pas seulement entre croyants de la même église. Elle peut être présente entre les pasteurs et les membres de l'église, entre les églises et même entre différentes organisations chrétiennes. Quand une personne rend gloire à Dieu, tous devraient se réjouir ensemble, mais ils calomnient plutôt les autres et les traitent d'hérétiques dans une tentative de porter atteinte au nom d'autres personnes ou organisations. Que ressentiraient les parents dont les enfants se querelleraient et se haïraient? Même si les enfants leur donnaient de la bonne nourriture et de bonnes choses, ils ne seraient pas heureux. Et si les croyants qui sont des enfants de Dieu luttent et se querellent entre eux, ou si de la jalousie se développe entre des églises, cela n'apportera que beaucoup de tristesse à notre Seigneur.

## La jalousie de Saül contre David

Saül était le premier roi d'Israël. Il a gâché sa vie parce qu'il était jaloux de David. Pour Saül, David était comme un chevalier en armure brillante qui sauvait son pays. Lorsque le moral des soldats a touché le fond à cause de l'intimidation de Goliath le Philistin, David a fait une ascension fulgurante et a disposé du champion des Philistins avec une simple fronde. Cet acte unique a apporté la victoire à Israël. Après, David a rempli plusieurs fonctions avec mérite pour protéger le pays contre les attaques des Philistins. C'est à ce moment que le problème entre Saül et David est apparu. Saül a entendu quelque chose de très troublant en provenance de la foule qui accueillait David alors qu'il rentrait suite à une victoire sur le champ de bataille. Les gens criaient: *«Saül a frappé ses mille, et David ses dix mille»* (1 Samuel 18:7).

Saul était très mal à l'aise et a pensé: *«Comment peuvent-ils me comparer à David? Ce n'est rien qu'un jeune berger!»*

Sa colère a gagné en intensité comme il a continué à penser à ce que la foule avait dit. Il pensait qu'il était injuste que les gens louent tellement David et, dès ce moment, les actions de David lui semblaient suspectes. Saül pensait probablement que David agissait de façon à gagner le cœur des gens. La flèche de la colère de Saül était désormais pointée contre David. Il a pensé: «Si David a déjà gagné le cœur du peuple, la rébellion n'est qu'une question de temps!»

Ses pensées sont devenues de plus en plus déconnectées de la réalité et Saül s'est mis à chercher une occasion favorable de tuer David. A un moment, Saül souffrait à cause de mauvais esprits et David jouait de la harpe pour lui. Saül a saisi l'occasion et a lancé sa lance contre lui. Heureusement, David l'a esquivée et s'est échappé. Mais Saül n'a pas abandonné ses efforts pour tuer David. Il s'est mis à continuellement chasser David avec son armée.

Malgré tout cela, David n'avait pas le désir de lui faire de mal parce que le roi Saül avait été oint par Dieu, et le roi Saül le savait. Mais, une fois allumée, la flamme de la jalousie de Saül ne pouvait plus s'éteindre. Saül souffrait continuellement de pensées inquiétantes à cause de sa jalousie. Jusqu'à ce qu'il soit tué durant une bataille contre les Philistins, Saül, n'a pas eu de repos en raison de sa jalousie envers David.

## Ceux qui étaient jaloux de Moïse

Dans Nombres 16, nous lisons le récit de Koré, Dathan et Abiram. Koré était Lévite et Dathan et Abiram étaient de la tribu de Ruben. Ils tenaient rancune contre Moïse et son frère et assistant Aaron. Ils éprouvaient du ressentiment parce que Moïse avait été prince d'Egypte et qu'à présent il les gouvernait alors qu'il était fugitif et berger en Madian. En fait, ils voulaient eux-mêmes devenir les conducteurs. Ainsi, ils ont établi des contacts avec les gens pour faire leur place dans leur groupe.

Koré, Dathan et Abiram ont réuni 250 personnes pour les suivre et pensaient qu'ils allaient obtenir le pouvoir. Ils sont allés trouver Moïse et à Aaron et se sont querellés avec eux. Ils ont dit: *«Ils s'assemblèrent contre Moïse et Aaron, et leur dirent: C'en est assez! car toute l'assemblée, tous sont saints, et l'Eternel est au milieu d'eux. Pourquoi vous élevez-vous au-dessus de l'assemblée de l'Eternel?»* (Nombres 16:3)

Même s'ils n'ont pas usé de retenue en le confrontant, Moïse ne leur a rien répondu. Il est venu se mettre à genoux devant Dieu pour prier et a essayé de leur faire savoir leur faute et a plaidé avec Dieu pour Son jugement. A ce moment, la colère de Dieu s'est enflammée contre Koré, Dathan et Abiram et ceux qui étaient avec eux. La terre a ouvert sa bouche et Koré, Dathan et Abiram, avec leurs femmes et leurs fils et leurs enfants sont descendus vivants vers le séjour des morts. Du feu est également sorti de l'Eternel et a consumé les 250 hommes qui offraient le parfum.

Moïse n'a pas causé de préjudice au peuple (Nombres 16:15). Il a simplement fait de son mieux pour conduire le peuple. Il a prouvé que Dieu était constamment avec eux au travers de signes et de prodiges. Il leur a montré les Dix Plaies d'Egypte, il les a laissé traverser la Mer Rouge sur la terre ferme en la séparant en deux, il leur a donné de l'eau du rocher et les a laissé manger de la manne et des cailles dans le désert. Malgré tout cela, ils calomniaient quand même Moïse en disant qu'il cherchait à s'élever.

Dieu a aussi laisser les gens voir à quel point être jaloux de

Moïse était un grand péché. Juger et condamner un homme établi par Dieu revient à juger et à condamner Dieu Lui-même. Par conséquent, nous ne devons pas critiquer négligemment les églises ou les organisations qui opèrent dans le nom du Seigneur en disant qu'ils sont dans l'erreur ou hérétiques. Puisque nous sommes tous frères et sœurs en Dieu, la jalousie parmi nous est un grand péché devant Dieu.

## La jalousie pour des choses qui n'ont pas de sens

Pouvons-nous obtenir ce que nous voulons juste en étant jaloux? Pas du tout! Nous pourrions être en mesure de mettre d'autres personnes dans des situations difficiles et il pourrait sembler que nous allons aller de l'avant par rapport à elles mais, en fait, nous ne pouvons pas gagner tout ce que nous voulons. Jacques 4:2 dit: *«Vous convoitez, et vous ne possédez pas; vous êtes meurtriers et envieux, et vous ne pouvez pas obtenir; vous avez des querelles et des luttes, et vous ne possédez pas, parce que vous ne demandez pas.»*

Au lieu d'être jaloux, considérons ce qui est écrit dans Job 4:8: *«Pour moi, je l'ai vu, ceux qui labourent l'iniquité et qui sèment l'injustice en moissonnent les fruits.»* Le mal que vous ferez reviendra vers vous comme un boomerang.

En rétribution du mal que vous semez, vous pourriez faire face à des catastrophes dans votre famille ou au travail. Comme Proverbes 14:30 le dit: *«Un cœur calme est la vie du corps, mais l'envie est la carie des os»*, la jalousie résulte en des lésions auto-infligées et elle n'a donc aucun sens. Par conséquent, si vous voulez aller de l'avant par rapport à d'autres, vous devez vous en remettre à Dieu qui contrôle tout plutôt que de gaspiller votre énergie avec des pensées et des actes de jalousie.

Bien sûr, vous ne pouvez pas obtenir tout ce que vous demandez. Dans Jacques 4:3, il est écrit: *«Vous demandez, et vous ne recevez pas, parce que vous demandez mal, dans le but de satisfaire vos passions.»* Si vous demandez quelque chose pour dépenser pour vos plaisirs, vous ne pouvez pas recevoir parce que ce n'est pas la volonté de Dieu. Mais, dans la plupart des cas, les gens ne demandent qu'en fonction de leurs convoitises. Ils demandent de la richesse, de la gloire et de la puissance pour leur propre confort et leur orgueil. Cela me désole durant mon ministère. La bénédiction réelle et véritable n'est pas la richesse, la gloire et le pouvoir, mais la prospérité de l'âme.

Peu importe le nombre de choses que vous avez dont vous pouvez profiter, quelle en est l'utilité si vous ne recevez pas le salut? Ce que nous devons retenir, c'est que toutes les choses de la terre disparaîtront tel un brouillard. 1 Jean 2:17 affirme: *«Et le monde passe, et sa convoitise aussi; mais celui qui fait la volonté de Dieu demeure éternellement»* et Ecclésiaste 12:10 dit: *«Vanité des vanités, dit l'Ecclésiaste, tout est vanité».*

J'espère que vous ne serez pas jaloux de vos frères et sœurs en vous accrochant à des choses du monde dénuées de sens mais aurez un cœur qui est droit aux yeux de Dieu. Alors, Dieu répondra aux désirs de votre cœur et vous donnera le royaume éternel du ciel.

# La jalousie et le désir spirituel

Les gens qui croient en Dieu deviennent pourtant jaloux parce qu'ils ont peu de foi et d'amour. Si vous manquez d'amour pour Dieu et avez peu de foi dans le royaume des cieux, vous pourriez devenir envieux d'acquérir des richesses, de la gloire et de la puissance dans ce monde. Si vous avez une assurance complète dans les droits des enfants de Dieu et la citoyenneté du ciel, les frères et sœurs en Christ sont bien plus précieux que ceux de votre famille dans le monde. En effet, vous croyez que vous allez vivre avec eux pour toujours dans le Ciel.

Même les non-croyants qui n'ont pas accepté Jésus-Christ sont précieux et ce sont eux que nous devons mener au royaume céleste. Sur la base de cette foi, au fur et à mesure que nous cultivons l'amour vrai en nous, nous nous mettrons à aimer notre prochain comme nous-mêmes. Ensuite, quand d'autres sont bien nantis, nous serons aussi heureux que si c'était nous qui étions aisés. Ceux qui ont la vraie foi ne chercheront pas les choses dénuées de sens de ce monde mais essaieront de faire preuve de diligence dans les œuvres du Seigneur afin de prendre le royaume céleste par la force. Autrement dit, ils auront des désirs spirituels.

*Depuis le temps de Jean-Baptiste jusqu'à présent, le royaume des cieux est forcé, et ce sont les violents qui s'en s'emparent* (Matthieu 11:12).

Le désir spirituel est certainement différent de la jalousie. Il est important d'avoir le désir d'être enthousiaste et fidèle dans le travail du Seigneur. Mais si cette passion va trop loin et s'éloigne de la vérité ou si elle entraîne les autres à tomber, ce n'est pas acceptable. Tout en restant fervents dans notre travail pour le Seigneur, nous devons faire attention aux besoins des gens qui nous entourent, chercher leur avantage et rechercher la paix avec tout le monde.

## 4. L'amour ne se vante point

Il y a des gens qui se vantent toujours d'eux-mêmes. Ils ne se soucient pas de la façon dont les autres pourraient se sentir quand ils se vantent. Ils veulent juste faire étalage de ce qu'ils ont tout en cherchant à gagner la reconnaissance des autres. Joseph se vantait de son rêve quand il était un jeune garçon. Cela a provoqué la haine de ses frères. Comme son père l'aimait tout particulièrement, il n'a pas réellement compris le cœur de ses frères. Plus tard, il a été vendu comme esclave en Egypte et a subi de nombreuses épreuves pour, finalement, cultiver l'amour spirituel. Avant de cultiver l'amour spirituel, les gens peuvent briser la paix en s'affichant et en s'élevant. C'est pourquoi Dieu dit: «L'amour ne se vante point.»

Autrement dit, se vanter consiste à se montrer et se mettre en avant soi-même. Les gens veulent généralement être reconnus s'ils font ou ont quelque chose de mieux que d'autres. Quel est l'effet d'une telle vantardise?

Par exemple, certains parents sont orgueilleux et prétentieux par rapport à leur enfant qui étudie bien. D'autres personnes peuvent se réjouir avec eux mais la plupart se sentent blessés dans leur orgueil et éprouvent des sentiments négatifs à ce sujet. Ils peuvent donner à leur enfant une réprimande sans raison. Peu importe à quel point votre enfant excelle dans ses études, si vous avez encore un peu de bonté pour prendre en considération le sentiment des autres, vous ne pourrez pas vous vanter de votre enfant de la sorte. Vous voudrez aussi que l'enfant de votre voisin étudie bien et, s'il le fait, vous irez joyeusement le complimenter.

Ceux qui sont vantards ont aussi tendance à être moins

disposés à reconnaître et à féliciter le bon travail accompli par d'autres personnes. D'une manière ou d'une autre, ils ont tendance à diminuer les autres parce qu'ils pensent qu'ils sont dans l'ombre lorsque d'autres sont reconnus. Ceci n'est qu'une des façons dont la vantardise cause des problèmes. Agir comme cela, avec un cœur rempli de vantardise, est loin d'être le véritable amour. Vous pouvez penser qu'en vous mettant en avant vous serez reconnu, mais il sera tout simplement difficile pour vous de recevoir un respect et un amour sincères. Au lieu que de vous envier, les gens autour de vous n'éprouvent que de la rancune et de la jalousie à votre encontre. *«Mais maintenant vous vous glorifiez dans vos pensées orgueilleuses. C'est chose mauvaise de se glorifier de la sorte»* (Jacques 4:16).

## L'orgueil de la vie provient de l'amour du monde

Pourquoi les gens se vantent-ils d'eux-mêmes? C'est parce qu'ils ont l'orgueil de la vie en eux. L'orgueil de la vie se réfère à «la nature de faire étalage de soi-même sur la base des plaisirs de ce monde». Cela provient de l'amour pour le monde. Les gens se vantent souvent des choses qu'ils jugent importantes. Ceux qui aiment l'argent vont se vanter de l'argent qu'ils ont, et ceux qui considèrent importantes les apparences extérieures vont s'en vanter. A savoir, ils ont mis l'argent, les apparences extérieures, la gloire ou l'influence sociale avant Dieu.

L'un des membres de notre église avait une entreprise prospère qui vendait des ordinateurs à des conglomérats d'affaires de

Corée. Il voulait développer son entreprise. Il a obtenu de nombreux types de prêts et a investi dans une franchise de café Internet et de diffusion sur Internet. Il a créé une société avec un capital de départ de deux milliards de wons, soit environ deux millions de dollars.

Mais le chiffre d'affaires a été lent, les pertes ont augmenté et la société a finalement fait faillite. Sa maison a été mise aux enchères et les débiteurs le pourchassaient. Il a dû vivre dans de petits appartements en sous-sol ou sur le toit. Il s'est alors mis à considérer ses voies. Il a réalisé qu'il avait le désir de se vanter de son succès et était avide d'argent. Il a compris qu'il avait rendu la vie difficile aux gens qui l'entouraient parce que sa société grandissait au-delà de sa propre capacité.

Quand il s'est repenti profondément devant Dieu de tout son cœur et a rejeté sa cupidité, il a pu être heureux même avec un emploi de nettoyage d'égouts et de fosses septiques. Dieu a considéré sa situation et lui a montré un moyen de démarrer une nouvelle entreprise. Maintenant, comme il marche dans le bon sens en tout temps, son entreprise est en plein essor.

1 Jean 2:15-16 déclare: «*N'aimez point le monde, ni les choses qui sont dans le monde. Si quelqu'un aime le monde, l'amour du Père n'est point en lui; car tout ce qui est dans le monde, la convoitise de la chair, la convoitise des yeux, et l'orgueil de la vie, ne vient point du Père, mais vient du monde.*»

Ezéchias, le treizième roi de Juda, dans le sud, était droit aux yeux de Dieu et il a également purifié le Temple. Il a vaincu l'invasion de l'Assyrie par la prière et, quand il est tombé malade, il a prié avec larmes et a reçu une prolongation de 15 ans de sa vie. Mais il avait encore de l'orgueil de la vie en lui. Après qu'il a été rétabli de sa maladie, Babylone a envoyé des diplomates.

Ezéchias était vraiment heureux de les recevoir et leur a montré toute sa maison du trésor, l'argent et l'or, les épices et l'huile précieuse, tout son arsenal et tout ce qui se trouvait dans ses trésors. En raison de sa vantardise, Juda a été envahi par Babylone et tous les trésors ont été emportés (Esaïe 39:1-6). La vantardise vient de l'amour du monde et signifie que la personne n'a pas l'amour de Dieu. Par conséquent, pour cultiver l'amour vrai, il faut rejeter de son cœur l'orgueil de la vie.

## Se glorifier dans le Seigneur

Il existe une sorte de vantardise qui est bonne. Il s'agit de se glorifier dans le Seigneur comme cela est dit dans 2 Corinthiens 10:17: *«Que celui qui se glorifie se glorifie dans le Seigneur.»* Se glorifier dans le Seigneur consiste à rendre gloire à Dieu, donc plus on le fera, mieux ce sera. Un bon exemple de cette façon de se glorifier est «le témoignage».

Paul dit dans Galates 6:14: *«Pour ce qui me concerne, loin de moi la pensée de me glorifier d'autre chose que de la croix de notre Seigneur Jésus-Christ, par qui le monde est crucifié pour moi, comme je le suis pour le monde!»*

Comme il le dit, nous nous glorifions de Jésus-Christ qui nous a sauvés et nous a donné le royaume céleste. Nous étions destinés à la mort éternelle à cause de nos péchés, mais grâce à Jésus qui a payé pour nos péchés sur la croix, nous avons gagné la vie éternelle. Combien nous devons être reconnaissants!

C'est pour cela que l'apôtre Paul s'est glorifié de sa faiblesse. Dans 2 Corinthiens 12:9, il affirme: *«et il [le Seigneur] m'a dit: Ma grâce te suffit, car ma puissance s'accomplit dans la faiblesse. Je me glorifierai donc bien plus volontiers de mes faiblesses, afin que la puissance de Christ repose sur moi.»*

En fait, Paul a accompli énormément de signes et de prodiges au point que des personnes ont même apporté des linges ou des mouchoirs qui l'avaient touché aux malades et ceux-ci étaient guéris. Il a fait trois voyages missionnaires et a conduit beaucoup de gens au Seigneur et a implanté des églises dans beaucoup de villes. Mais il dit que ce n'est pas lui qui a fait toutes ces œuvres. Il ne se vantait que du fait que c'était la grâce de Dieu et la puissance du Seigneur qui le rendait capable de faire ce qu'il faisait.

Aujourd'hui, beaucoup de gens donnent leur témoignage de leur rencontre avec le Dieu vivant et de leur expérience de la vie avec Lui au quotidien. Ils partagent l'amour de Dieu en disant qu'ils ont reçu la guérison de maladies, des bénédictions financières et la paix dans la famille quand ils ont cherché Dieu avec ferveur et ont manifesté par des actes leur amour pour Lui.

Comme indiqué dans Proverbes 8:17: *«J'aime ceux qui m'aiment, et ceux qui me cherchent me trouvent»*, ils sont reconnaissants du fait qu'ils ont connu le grand amour de Dieu et ont pu avoir une grande foi, grâce à laquelle ils ont reçu des bénédictions spirituelles. Cette façon de se glorifier dans le Seigneur rend gloire à Dieu et enracine la foi et la vie dans le cœur des gens. Ce faisant, ils stockent des récompenses dans le ciel et les désirs de leur cœur seront exaucés plus rapidement.

Cependant, nous devons rester prudents par rapport à une chose. Certaines personnes disent qu'elles rendent gloire à Dieu mais, en fait, elles essaient de se faire connaître ou de faire connaître leurs accomplissements aux autres. Ces personnes impliquent indirectement qu'elles ont pu recevoir des bénédictions à cause de leurs propres efforts. Elles semblent rendre gloire à Dieu mais, en réalité, elles s'attribuent tout le crédit. Satan portera accusation contre ces personnes. En fin de compte, le résultat du fait de se vanter sera révélé: ces personnes pourraient faire face à différents types de tests et d'épreuves ou, si personne ne les reconnaît, elles pourraient abandonner Dieu.

Romains 15:2 déclare: *«Que chacun de nous plaise au prochain pour ce qui est bien en vue de l'édification.»* Comme mentionné, nous devons toujours parler dans le but d'édifier nos prochains et susciter la foi et la vie en eux. Tout comme l'eau se purifie en passant au travers d'un filtre, nous devrions avoir un filtre pour nos mots avant de parler, réfléchir pour savoir si nos paroles édifient ou heurtent les sentiments de ceux qui écoutent.

## Rejeter l'orgueil de la vie

Peu importe le nombre de choses dont on peut se vanter, personne ne peut vivre éternellement. Après cette vie sur cette terre, tout le monde va se rendre soit au Ciel, soit en enfer. Dans le ciel, même les routes sur lesquelles nous marcherons sont en or et la richesse ne peut être comparée à celle de ce monde. Cela signifie que se vanter dans ce monde est si vide de sens. En outre, même si l'on a tant de richesses, de gloire, de connaissances et de pouvoir, peut-on s'en vanter si l'on va en enfer?

Jésus a dit: «*Et que servirait-il à un homme de gagner tout le monde, s'il perdait son âme? ou, que donnerait un homme en échange de son âme? Car le Fils de l'homme doit venir dans la gloire de son Père, avec ses anges; et alors il rendra à chacun selon ses œuvres*» (Matthieu 16:26-27).

La vantardise du monde ne peut jamais donner la vie éternelle ou la satisfaction. Mais elle donne plutôt lieu à des désirs vides de sens et nous mène à la destruction. Quand nous nous rendons compte de ce fait et remplissons notre cœur de l'espérance du Ciel, nous recevons la force de rejeter l'orgueil de la vie. C'est comme l'enfant qui peut facilement se débarrasser de son vieux jouet qui a peu de valeur quand il reçoit un jouet flambant neuf. Parce que nous connaissons la beauté resplendissante du royaume céleste, nous ne nous accrochons pas et ne luttons pas pour obtenir les choses de ce monde.

Une fois que nous avons rejeté l'orgueil de la vie, nous ne nous glorifierons plus que de Jésus-Christ. Nous aurons le sentiment que rien de ce monde ne vaut la peine de s'en vanter mais, à l'inverse, nous nous sentirons fiers de la gloire dont nous pourrons profiter éternellement dans le royaume céleste. Ensuite, nous serons remplis d'une joie comme nous n'en avons jamais connue de semblable. Même si nous faisons face à des moments difficiles durant notre marche de notre vie, nous aurons l'impression qu'ils ne sont pas si difficiles. Nous serons reconnaissants pour l'amour de Dieu qui a donné son Fils unique Jésus pour nous sauver et nous pourrons ainsi être remplis de joie en toutes circonstances. Si nous ne cherchons pas l'orgueil de la vie, nous ne nous sentirons pas si élevés quand nous recevrons des éloges ou si découragés quand nous recevrons des critiques. Nous nous remettrons simplement davantage en question avec humilité lorsque nous recevrons des éloges et nous rendrons grâce lorsque nous recevrons des critiques et essayerons de nous améliorer encore.

## 5. L'amour ne s'enfle point d'orgueil

Ceux qui se vantent ont vite l'impression qu'ils sont meilleurs que d'autres et deviennent arrogants. Si les choses vont bien pour eux, ils pensent que c'est parce qu'ils ont fait un bon travail et deviennent vaniteux ou paresseux. La Bible dit que l'un des maux que Dieu déteste le plus est l'arrogance. L'arrogance est aussi la principale raison qui a poussé les gens à construire la Tour de Babel pour rivaliser avec Dieu, événement qui a poussé Dieu à séparer les langues.

### Caractéristiques des personnes arrogantes

Les personnes arrogantes considèrent les autres comme inférieurs à eux-mêmes et les méprisent ou sont indifférents par rapport aux autres. Ce genre de personnes se sentent supérieures aux autres à tous égards. Elles se considèrent comme meilleures. Elles méprisent, regardent de haut et tentent d'enseigner les autres dans tous les domaines. Ces personnes montrent facilement une attitude arrogante envers ceux qui semblent inférieurs. Parfois, cette arrogance excessive peut pousser à ne pas tenir compte de ceux qui les ont enseignés et conduits et de ceux qui sont dans des positions plus élevées dans l'entreprise ou la société. Ces personnes ne sont pas disposées à écouter les critiques et les conseils que leurs aînés leur donnent. Elles vont se plaindre et penser: «Mon supérieur ne dit cela que parce qu'il ne sait pas de quoi il parle» ou dire: «Je sais tout et je peux très bien le faire.»

Une telle personne provoque de nombreuses disputes et querelles avec les autres. Proverbes 13:10 dit: *«C'est seulement par orgueil qu'on excite des querelles, mais la sagesse est avec ceux qui écoutent les conseils.»*

2 Timothée 2:23 nous déclare: *«Repousse les discussions folles et inutiles, sachant qu'elles font naître des querelles.»* C'est pourquoi il est insensé et erroné de penser être le seul à avoir raison.

Chaque personne a des consciences et des connaissances différentes. En effet, chaque individu est différent en ce qu'il a vu, entendu, expérimenté et par rapport à l'enseignement qu'il a reçu. Mais une grande partie de la connaissance de chacun est mauvaise et certaines d'entre elles ont été mal entreposées. Si cette connaissance s'installe en nous pendant une longue période de temps, elle servira de base à notre attitude moralisatrice et cadres de pensée. Notre attitude moralisatrice consiste à insister sur le fait que seules nos opinions sont correctes et, quand elle s'endurcit, cela devient notre cadre de pensée. Certaines personnes développent leur cadre de pensée avec leur personnalité ou sur la base de la connaissance qu'elles ont.

Le cadre de pensée s'assimile au squelette du corps humain. Il constitue la forme de chacun et, une fois qu'il est développé, il est difficile de le briser. La plupart des idées des gens qui viennent de leur attitude moralisatrice et de leurs cadres de pensée. Une personne qui a un sentiment d'infériorité réagit de manière très sensible si d'autres pointent un doigt d'accusation envers elle. Ou, comme le dit le proverbe, si une personne riche ajuste ses vêtements, les gens pensent qu'il se vante et fait remarquer ses vêtements. Si quelqu'un utilise un vocabulaire complexe ou lourd, les gens pensent qu'il fait étalage de ses connaissances et les regarde de haut.

J'ai appris de mon professeur d'école primaire que la Statue de la Liberté se trouvait à San Francisco. Je me souviens très bien comment elle me l'a enseigné avec image et carte des Etats-Unis. Au début des années 90, je suis allé aux Etats-Unis pour conduire une réunion de réveil inter-églises. C'est alors que j'ai appris que la Statue de la Liberté se trouve en fait à New York.

Pour moi, la statue était censée être à San Francisco, et je ne comprenais pas pourquoi elle était à New York. J'ai demandé aux gens autour de moi qui m'ont dit qu'elle se trouvait bel et bien à New York. J'ai réalisé que le morceau de connaissances que j'avais cru être vrai ne l'était en fait pas. A ce moment, je me suis mis à penser que ce que je croyais être juste pouvait aussi être faux. Beaucoup de gens croient et insistent sur des choses qui ne sont pas correctes.

Même quand ils ont tort, ceux qui sont arrogants ne l'admettront pas, mais continueront d'insister sur leurs opinions, ce qui conduira à des querelles. Par contre, ceux qui sont humbles ne se querellent pas, même si l'autre personne est dans l'erreur. Même s'ils sont sûrs à 100% qu'ils ont raison, ils pensent toujours qu'ils peuvent se tromper, car ils n'ont pas l'intention de gagner des disputes contre les autres.

Un cœur humble possède l'amour spirituel qui considère les autres comme meilleurs. Même si les autres sont moins chanceux, moins instruits ou ont moins de pouvoir social, un esprit humble nous fera considérer les autres comme mieux que nous-mêmes du fond de notre cœur. Nous considérerons toutes les âmes comme très précieuses car elles sont tellement dignes que Jésus a versé son sang.

## L'arrogance charnelle et l'arrogance spirituelle

Celui qui manifeste des actions extérieures de contrevérités en faisant étalage de lui-même, en se faisant remarquer et en regardant les autres de haut, peut facilement prendre conscience de cette arrogance. Quand nous acceptons le Seigneur et apprenons à connaître la vérité, ces attributs de l'arrogance de la chair peuvent être facilement rejetés. Par contre, il n'est pas facile de reconnaître et de se défaire de l'arrogance spirituelle. Qu'est-ce donc que l'arrogance spirituelle?

Quand vous allez à l'église depuis assez longtemps, vous stockez beaucoup de connaissances de la Parole de Dieu. Vous pouvez même recevoir des titres et des positions dans l'église ou être élu en tant que responsable. Ensuite, vous pouvez avoir l'impression que vous avez cultivé un montant de connaissance de la Parole de Dieu dans votre cœur suffisamment important pour penser: «J'ai accompli tellement de choses. Je dois avoir raison sur à peu près tout!» Vous pouvez reprendre, juger et condamner les autres avec la Parole de Dieu stockée sous forme de connaissances, en pensant que vous discernez le bien et le mal selon la vérité. Certains dirigeants d'églises cherchent leurs propres avantages et brisent les règlements et ordonnances qu'ils sont censés garder. Ils violent certainement les règles de l'église dans leurs actions, mais ils pensent: «Pour moi, c'est OK parce que je suis dans cette position. Je suis une exception.» Un esprit tellement enflé, c'est de l'arrogance spirituelle.

Si nous confessons notre amour pour Dieu tout en ignorant les lois et règles de Dieu avec un cœur enflé, notre confession est un mensonge. Si nous jugeons et condamnons les autres, nous ne pouvons pas être réputé comme ayant le véritable amour. La vérité nous enseigne à ne regarder, n'écouter et ne parler que de bonnes choses par rapport aux autres.

> «Ne parlez point mal les uns des autres, frères. Celui qui parle mal d'un frère, ou qui juge son frère, parle mal de la loi et juge la loi. Or, si tu juges la loi, tu n'es pas observateur de la loi, mais tu en es juge» (Jacques 4:11).

Comment vous sentez-vous quand vous trouvez des faiblesses chez les autres ?

Jack Kornfield, dans son livre *The Art of Forgiveness, Lovingkindness, and Peace* (L'art du pardon, de la miséricorde et de la paix), écrit sur une autre façon de traiter les actions maladroites.

> «Dans la tribu Babemba d'Afrique du Sud, quand une personne agit de façon irresponsable ou injustement, elle est placée au centre du village, seule et sans entraves. Tout le travail cesse, et chaque homme, femme et enfant du village se rassemble dans un grand cercle autour de l'individu accusé. Ensuite, chaque personne de la tribu parle à l'accusé, un à la fois, rappelant chacune des bonnes choses que la personne au centre du cercle a faites durant sa vie. Chaque incident, chaque expérience qui peut être rappelé avec

détail et précision est raconté. Tous ses attributs positifs, ses bonnes actions, ses forces et ses bontés sont récités longuement et attentivement. Cette cérémonie tribale dure souvent pendant plusieurs jours. A la fin, le cercle tribal se sépare, une joyeuse célébration a lieu et la personne est symboliquement et littéralement accueillie de nouveau dans la tribu. »

Grâce à ce processus, les personnes qui ont commis une faute récupèrent leur estime d'elles-mêmes et redoublent de détermination à contribuer à leur tribu. Grâce à ce procès unique, il est dit que les crimes ne sont pratiquement jamais commis dans leur société.

Quand on voit les défauts des autres, nous pouvons nous demander si nous jugeons et condamnons en premier lieu ou si notre cœur miséricordieux et rempli de pitié prend le dessus. Cette méthode nous permet d'examiner si nous avons cultivé l'humilité et l'amour. En nous remettant en question constamment, nous ne devrions pas être satisfaits de ce que nous avons déjà accompli, juste parce que nous avons été fidèles pendant une longue période.

Avant de devenir sanctifié totalement, tout le monde a une nature qui permet la croissance de l'arrogance. Par conséquent, il est très important d'arracher les racines de la nature de l'arrogance. Elle pourrait grandir à nouveau à tout moment si nous ne l'ôtons pas entièrement par des prières ferventes. C'est comme si vous coupiez les mauvaises herbes: elles vont continuer à repousser à moins qu'elles ne soient totalement déracinées. En fait, si la nature pécheresse n'est pas complètement ôtée du cœur, l'arrogance refait à nouveau surface après que les personnes ont vécu une vie dans la foi pendant une longue période. Par conséquent, nous devrions toujours nous humilier comme des enfants devant le Seigneur, considérer les autres comme supérieurs à nous-mêmes et continuellement nous efforcer de cultiver l'amour spirituel.

## Les gens arrogants croient en eux-mêmes

Nebucadnetsar a ouvert l'âge d'or de la Grande Babylone. L'une des merveilles de l'antiquité, le jardin suspendu, a été achevé à son époque. Il était fier de tout son royaume et des travaux réalisés par sa grande puissance. Il a fait faire une statue de lui-même et a ordonné que les gens l'adorent. Daniel 4:30 affirme: *«Le roi prit la parole et dit: N'est-ce pas ici Babylone la grande, que j'ai bâtie, comme résidence royale, par la puissance de ma force et pour la gloire de ma magnificence?»*

Dieu a fini par lui faire comprendre qui était le vrai chef du monde (Daniel 4:31-32). Il a été chassé du palais, a mangé de l'herbe comme des vaches et a vécu comme un animal sauvage dans le désert pendant sept ans. Quel était le sens de sa royauté à ce moment-là? Nous ne pouvons gagner quoi que ce soit si Dieu ne le permet pas. Nebucadnetsar a retrouvé sa santé mentale après sept ans. Il a réalisé son arrogance et a reconnu Dieu. Daniel 4:37 déclare: *«Maintenant, moi, Nebucadnetsar, je loue, j'exalte et je glorifie le roi des cieux, dont toutes les œuvres sont vraies et les voies justes, et qui peut abaisser ceux qui marchent avec orgueil.»*

Il ne s'agit pas que de Nebucadnetsar. Certains non-croyants dans le monde disent: «Je crois en moi-même.» Mais le monde n'est pas facile pour eux de surmonter. Bon nombre de problèmes dans le monde ne peuvent pas être résolus par les capacités humaines. Même les meilleures technologies et connaissances scientifiques de pointe sont inutiles face aux calamités naturelles, y compris les typhons et les tremblements de terre et les autres catastrophes imprévues.

Et combien de maladies ne peuvent être guéries, même avec les médicaments modernes? Pourtant, beaucoup de gens comptent sur eux-mêmes plutôt que sur Dieu quand ils se retrouvent confrontés à divers problèmes. Ils s'appuient sur leurs pensées, leurs expériences et leurs connaissances. Mais quand ils ne s'en sortent pas et continuent d'être confrontés à des problèmes, ils grognent contre Dieu alors qu'ils ne croient pas en Lui. C'est parce que l'arrogance remplit leur cœur. En raison de cette arrogance, ils n'avouent pas leurs faiblesses et ne parviennent pas à reconnaître humblement Dieu.

Ce qui est encore plus pitoyable, c'est que certains croyants en Dieu s'appuient sur le monde et sur eux-mêmes plutôt que sur Dieu, qui veut que Ses enfants prospèrent et vivent par Son aide. Mais si vous n'êtes pas disposé à vous humilier devant Dieu dans votre arrogance, Dieu ne peut vous aider. Vous ne pourrez alors pas être protégé contre l'ennemi diable ou être prospère dans vos voies. De même que Dieu dit en Proverbes 18:12: *«Avant la ruine, le cœur de l'homme s'élève; mais l'humilité précède la gloire»*, la cause des échecs et des destructions n'est rien d'autre que l'arrogance.

Dieu estime que les arrogants sont insensés. Par rapport à Dieu qui fait un trône du Ciel et un marchepied de la terre, la présence de l'Homme n'est-elle pas insignifiante? Tous les êtres humains ont été créés à l'image de Dieu et nous sommes tous égaux en tant qu'enfants de Dieu, que nous soyons de position haute ou basse. Peu importe de combien de choses nous pourrions nous vanter dans le monde, la vie dans ce monde ne dure qu'un moment. A la fin de cette courte vie, tout le monde est jugé devant Dieu. Et nous serons élevés dans le Ciel en fonction de ce que nous aurons fait dans l'humilité sur cette terre. C'est parce que le Seigneur nous élève comme le dit Jacques 4:10: *«Humiliez-vous devant le Seigneur, et il vous élèvera.»*

Si de l'eau reste dans une petite flaque, elle stagne, pourrit et se remplit de vers. Mais si l'eau s'écoule continuellement vers le bas, elle finit par atteindre la mer et à donner vie à beaucoup de créatures vivantes. De la même manière, humilions-nous afin de pouvoir devenir grands aux yeux de Dieu.

**Caractéristiques de l'amour spirituel**

1. L'amour est patient
2. L'amour est plein de bonté
3. L'amour n'est pas envieux
4. L'amour ne se vante point
5. L'amour ne s'enfle point d'orgueil

## 6. L'amour ne fait rien de malhonnête

Les «manières» ou l'«étiquette» est la façon socialement correcte d'agir, qui porte sur les attitudes et les comportements des gens vis-à-vis des autres. Les types d'étiquettes culturelles varient dans nos vies de tous les jours, comme l'étiquette de nos conversations, du repas ou de la façon de se comporter dans des lieux publics tels que les théâtres.

Les bonnes manières sont une partie importante de nos vies. Les comportements socialement acceptables appropriés à chaque lieu et occasions laissent normalement des impressions favorables sur les autres. Au contraire, si nous ne montrons pas les comportements appropriés et ignorons l'étiquette de base, cela peut être cause de malaise pour les gens autour de nous. En outre, si nous disons que nous aimons quelqu'un, mais agissons de façon irrespectueuse envers cette personne, il serait difficile pour cette personne de croire que nous l'aimons réellement.

Le dictionnaire en ligne Larousse définit «inconvenant» comme: *«Qui n'agit pas conformément aux convenances, à la bienséance, aux bons usages»*. Là aussi, il existe plusieurs types de normes d'étiquettes culturelles dans notre vie quotidienne, comme la façon de se saluer et de converser. A notre grande surprise, beaucoup de gens ne savent pas qu'ils ont agi de façon irrespectueuse, même après avoir agi de façon grossière. Par ailleurs, il est plus facile d'agir de façon irrespectueuse envers ceux qui sont proches de nous. C'est parce que lorsque nous nous sentons à l'aise avec certaines personnes, nous avons tendance à agir de façon grossière ou sans l'étiquette appropriée.

Mais si nous possédons l'amour vrai, nous n'agirons jamais de façon irrespectueuse. Supposons que vous avez un bijou très précieux et beau. Le traiteriez-vous négligemment? Vous seriez très prudent en le manipulant de peur de le casser, de l'abimer ou de le perdre. De la même manière, si nous aimons vraiment quelqu'un, ne traiterions-nous pas cette personne comme si elle était précieuse?

Il existe deux façons d'agir de façon irrespectueuse: le manque de respect envers Dieu et le manque de respect envers d'autres êtres humains.

## Agir de façon irrespectueuse envers Dieu

Même parmi ceux qui croient en Dieu et disent aimer Dieu, certains actes et paroles montrent que beaucoup de gens sont loin de l'amour de Dieu. Par exemple, somnoler durant les réunions est l'un des principaux actes de grossièreté devant Dieu.

Somnoler pendant le culte revient à somnoler dans la présence de Dieu Lui-même. Il serait assez grossier de somnoler devant le président d'un pays ou le PDG d'une société. Alors, combien plus indigne serait-il de nous assoupir devant Dieu? Je doute que vous pussiez continuer de professer que vous aimez toujours Dieu. Ou, supposons que vous rencontriez l'un de vos proches et que vous n'arrêtiez pas de vous endormir devant cette personne. Comment pourrions-nous dire aimer vraiment cette personne?

De plus, si vous avez des conversations personnelles avec les gens assis à côté de vous pendant les réunions ou si vous rêvez, cela est également irrespectueux. Un tel comportement indique que l'adorateur manque de respect et d'amour pour Dieu.

Ces comportements affectent également les prédicateurs. Supposons qu'un croyant parle avec une autre personne à côté de lui ou qu'il est en train d'avoir de vaines pensées ou de somnoler. Le prédicateur peut alors se demander si le message manque de grâce. Il peut perdre l'inspiration du Saint-Esprit, de sorte qu'il peut ne pas être en mesure de prêcher dans la plénitude de l'Esprit. Tous ces actes finiront également par déranger d'autres fidèles.

Cela est vrai également du fait de sortir du sanctuaire au milieu du service. Bien sûr, certains bénévoles doivent sortir pour accomplir leurs tâches d'aides durant les réunions. Toutefois, sauf dans des cas très particuliers, il convient de ne se déplacer que quand le service est complètement terminé. Certaines personnes pensent: «Nous pouvons simplement écouter le message» et partent juste avant la fin de la réunion, mais cette façon d'agir est irrespectueuse.

Le culte actuel est comparable aux holocaustes de l'Ancien Testament. Quand ils offraient des holocaustes, les Hébreux devaient couper les animaux en morceaux, puis brûler toutes les parties (Lévitique 1:9).

Cela signifie, dans le sens actuel, que nous devons offrir un service de culte convenable et entier du début à la fin en fonction d'un certain ensemble de formalités et de procédures. Nous devons suivre chaque séquence du culte dans l'ordre et de tout notre cœur, à commencer par la prière silencieuse pour terminer par la bénédiction ou la prière du Seigneur. Lorsque nous chantons les louanges ou prions, ou même pendant la période de l'offrande et des annonces, nous devons y donner tout notre cœur. En plus des réunions officielles de l'église, nous devons également offrir tout notre cœur dans tout type de réunion de prière, de louange et d'adoration ou dans les réunions de maison.

Pour adorer Dieu de tout notre cœur, tout d'abord, nous ne devrions pas être en retard à la réunion. Il n'est pas bon d'être en retard aux rendez-vous avec d'autres personnes et il est indigne d'être en retard pour un rendez-vous devant Dieu. Dieu attend au lieu de culte pour accepter notre adoration.

Par conséquent, nous ne devrions pas arriver juste avant le début de la réunion. Il convient de venir plus tôt, de prier avec repentance et se préparer pour la réunion. En outre, l'utilisation de téléphones cellulaires au cours du culte et laisser les jeunes enfants courir et jouer pendant le culte est irrespectueux. Mâcher du chewing-gum ou manger de la nourriture pendant le culte est également déshonorant.

Notre apparence personnelle au culte est également importante. Normalement, il n'est pas bon de venir à l'église en portant les vêtements de la maison ou des vêtements destinés au lieu de travail. En effet, la tenue vestimentaire est un moyen d'exprimer notre respect et notre vénération pour une autre personne. Les enfants de Dieu qui croient vraiment en Dieu savent combien Dieu est précieux. Alors, quand ils viennent à l'adorer, ils viennent avec leurs vêtements les plus propres.

Bien entendu, il peut y avoir des exceptions. Pour la réunion de Mercredi ou pour la veillée de Vendredi, de nombreuses personnes viennent directement de leur lieu de travail. Comme ils se dépêchent pour arriver à temps, ils peuvent venir dans leurs vêtements de travail. Dans ce genre de cas, Dieu ne considérera pas qu'ils agissent de façon grossière, mais Il se réjouira parce qu'Il reçoit l'arôme de leur cœur alors qu'ils essaient de venir à l'heure à la réunion même quand ils sont occupés par leur travail.

Dieu veut avoir une communion d'amour avec nous au travers des cultes et des réunions de prières. Ce sont des devoirs que les enfants de Dieu doivent accomplir. Surtout la prière, qui est une conversation avec Dieu. Parfois, alors que d'autres sont en train de prier, certains leur tapent sur l'épaule pour arrêter leur prière parce qu'il y a une urgence.

Cela revient à interrompre des personnes quand elles ont une conversation avec leurs supérieurs. Ainsi, quand vous priez, si vous ouvrez vos yeux et cessez tout à coup de prier uniquement parce que quelqu'un vous appelle, c'est aussi une façon d'agir irrespectueuse. Dans ce cas, vous devez d'abord terminer la prière avant de répondre.

Si nous offrons notre adoration et nos prières en esprit et en vérité, Dieu nous rendra des bénédictions et des récompenses. Il répond à nos prières plus rapidement. C'est parce qu'Il reçoit l'arôme de notre cœur avec joie. Mais si nous accumulons des actes inconvenants pendant un an, deux ans et ainsi de suite, cela va créer un mur de péché entre nous et Dieu. Cela créera de nombreux problèmes si une relation sans amour continue entre un mari et une femme ou entre des parents et leurs enfants. Cela est également vrai avec Dieu. Si nous avons construit un mur entre nous et Dieu, nous ne pouvons pas être protégés contre les maladies ou les accidents, et nous pouvons faire face à divers problèmes. Nous pourrions ne pas recevoir les réponses à nos prières, même si nous prions pendant une longue période de temps. Mais si nous avons des attitudes appropriées durant le culte et les réunions de prière, nous pourrons résoudre toutes sortes de problèmes.

## L'Eglise est la Maison Sainte de Dieu

L'église est un lieu où Dieu habite. Le Psaume 11:4 nous dit: *«L'Eternel est dans son saint temple, l'Eternel a son trône dans les cieux; ses yeux regardent, ses paupières sondent les fils de l'homme.»*

Dans l'Ancien Testament, tout le monde ne pouvait entrer dans le lieu saint. Seuls les sacrificateurs pouvaient y entrer. Seulement une fois par an et seul le souverain sacrificateur pouvait entrer dans le Saint des Saints à l'intérieur du lieu saint. Mais, aujourd'hui, par la grâce de notre Seigneur, n'importe qui peut entrer dans le sanctuaire et adorer. C'est parce que Jésus nous a rachetés de nos péchés par Son sang, comme nous pouvons le lire dans Hébreux 10:19: *«Ainsi donc, frères, nous avons, au moyen du sang de Jésus, une libre entrée dans le sanctuaire.»*

Le sanctuaire ne signifie pas seulement l'endroit où nous adorons. C'est tout l'espace dans les limites de l'église, y compris le terrain et toutes les autres installations. Par conséquent, chaque fois que nous sommes dans l'église, nous devons être prudents, même concernant les moindres mots et actions. Il ne faut pas se mettre en colère et se disputer, parler de divertissements mondains ou d'affaires professionnelles dans le sanctuaire. Cela est vrai également de la manipulation sans précaution des choses saintes de Dieu dans l'église ou du fait de les endommager, de les casser ou de les gaspiller.

Vendre ou acheter quoi que ce soit dans l'église est particulièrement inacceptable. Aujourd'hui, avec le développement des achats sur Internet, certaines personnes paient pour ce qu'elles achètent sur l'Internet de l'église et reçoivent l'article à l'église. Il s'agit clairement d'une transaction commerciale. Nous devons nous rappeler que Jésus a renversé les tables des échangeurs d'argent et a chassé ceux qui vendaient des animaux pour les sacrifices. Jésus n'a pas accepté que même des animaux destinés aux sacrifices soient vendus au Temple. Par conséquent, nous ne devons pas acheter ou vendre quoi que ce soit dans l'église pour des besoins personnels. Cela est vrai également du fait d'avoir une brocante sur le terrain de l'église.

Tous les lieux de l'église sont censés être mis à part pour adorer Dieu et être en communion avec les frères et sœurs dans le Seigneur. Lorsque nous prions et organisons souvent des réunions à l'église, nous devons veiller à ne pas devenir insensibles par rapport à la sainteté de l'église. Si nous aimons l'église, nous n'agirons pas de façon irrespectueuse dans l'église, comme cela est écrit dans le Psaume 84:11: *«Mieux vaut un jour dans tes parvis que mille ailleurs; je préfère me tenir sur le seuil de la maison de mon Dieu, plutôt que d'habiter sous les tentes de la méchanceté.»*

## Agir de façon irrespectueuse envers les autres personnes

La Bible dit que celui qui n'aime pas son frère ne peut pas non plus aimer Dieu. Si nous agissons de façon irrespectueuse envers les autres que nous voyons, comment pouvons-nous avoir le plus grand respect pour Dieu qui n'est pas visible?

*«Si quelqu'un dit: J'aime Dieu, et qu'il haïsse son*

*frère, c'est un menteur; car celui qui n'aime pas son frère qu'il voit, comment peut-il aimer Dieu qu'il ne voit pas?»* (1 Jean 4:20)

Considérons les actes irrespectueux communs de notre vie de tous les jours dont, souvent, nous ne sommes pas conscients. Généralement, si nous recherchons notre propre intérêt sans penser aux positions des autres, de nombreux actes de grossièreté seront commis. Par exemple, si nous parlons au téléphone, il nous faut aussi adopter l'étiquette appropriée. Si nous appelons tard le soir, durant la nuit ou parlons pendant longtemps au téléphone avec une personne très occupée, cela n'arrange pas la personne. Arriver en retard à des rendez-vous ou rendre visite à quelqu'un sans prévenir sont d'autres exemples de manque de courtoisie.

Certains pourraient penser: «Nous sommes proches, n'est-ce donc pas trop formel de penser à tout cela entre nous?» Il se peut que vous jouissiez d'une bonne relation pour comprendre toutes choses concernant l'autre personne. Cependant, il reste très difficile de comprendre à 100% le cœur de l'autre. On pourrait penser que nous exprimons notre amitié envers une autre personne, mais cette personne pourrait voir les choses différemment. C'est pourquoi, nous devrions essayer de voir les choses du point de vue de l'autre. Nous devons surtout veiller à ne pas manquer de courtoisie envers une autre personne si elle est très proche et à l'aise avec nous.

Souvent, nous prononçons des paroles sans réfléchir ou agissons avec négligence et heurtons les sentiments ou offensons les gens qui sont les plus proches de nous. Nous manquons de respect envers les membres de notre famille ou des amis très proches et, finalement, la relation se dégrade à un point qui peut devenir très critique. Par ailleurs, certaines personnes âgées traitent les personnes plus jeunes ou celles dans des positions inférieures de façon irrespectueuse. Elles parlent sans respect ou adoptent des attitudes dominantes, ce qui rend les autres personnes mal à l'aise.

Aujourd'hui, il est toutefois difficile de trouver des gens qui servent leurs parents, enseignants et les personnes âgées de tout leur cœur, alors que ce sont des personnes que nous devons bien entendu servir. Certains disent que les temps ont changé mais il y a une chose qui ne change jamais. Lévitique 19:32 déclare: *«Tu te lèveras devant les cheveux blancs, et tu honoreras la personne du vieillard. Tu craindras ton Dieu. Je suis l'Eternel.»*

La volonté de Dieu pour nous est que nous accomplissions notre devoir dans son entièreté, y compris par rapport aux autres personnes. Les enfants de Dieu doivent également respecter la loi et l'ordre de ce monde de ne pas agir avec un manque de respect. Par exemple, si nous provoquons du tumulte dans un lieu public, crachons dans la rue ou enfreignons les lois de la circulation, c'est un manque de respect envers beaucoup de gens. Nous sommes des chrétiens censés être le sel et la lumière du monde et donc nous devrions être très prudents dans nos paroles, nos actions et comportements.

## La loi de l'amour comme critère ultime

La plupart des gens passent le plus clair de leur temps avec d'autres personnes, les rencontrent et leur parlent, mangent avec elles et travaillent avec elles. Il y a ainsi plusieurs types d'étiquettes culturelles dans nos vies de tous les jours. Cependant, chacun a un niveau d'éducation différent et les cultures sont différentes selon les pays et les ethnies. Quel devrait donc être le critère pour nos comportements?

La loi de l'amour qui se trouve dans notre cœur. L'expression «la loi de l'amour» se réfère à la loi de Dieu, qui est l'amour en personne. Autrement dit, si notre cœur est empreint de la Parole de Dieu et que nous la mettons en pratique, nous manifesterons les attitudes du Seigneur et n'agirons pas avec manque de respect. Un autre aspect de la loi de l'amour est celui de la «considération».

Un homme marchait dans une nuit sombre, une lampe de poche à la main. Un autre homme se dirigeait vers lui dans la direction opposée et, lorsqu'il a vu le premier homme, il a remarqué qu'il était aveugle. Il lui a alors demandé pourquoi il avait une lampe puisqu'il ne voyait pas. Le premier homme a répondu: «C'est pour que vous ne me percutiez pas. Cette lampe est pour vous.» On peut ressentir dans cette histoire ce que signifie la considération.

Bien que cela puisse sembler sans importance, avoir de la considération pour les autres peut toucher le cœur des gens. Les actes irrespectueux proviennent d'un manque de considération pour les autres personnes, ce qui implique un manque d'amour. Si nous aimions réellement les autres, nous serions toujours prévenants envers eux et n'agirions pas de façon irrespectueuse.

Dans le domaine de l'agriculture, si trop de fruits de qualité inférieure parmi tous les fruits sont arrachés, les fruits qui grandissent prendront tous les nutriments disponibles et auront des peaux trop épaisses et un mauvais goût. Si nous ne faisons pas preuve de considération par rapport aux autres, nous pourrons pour un temps profiter de toutes les choses disponibles mais, avec le temps, nous deviendrons des personnes à la peau dure et au mauvais goût, comme les fruits trop nourris.

C'est pourquoi, selon Colossiens 3:23 qui déclare: *«Tout ce que vous faites, faites-le de bon cœur, comme pour le Seigneur et non pour des hommes»*, nous devrions servir chacun avec le plus grand respect, comme si c'était le Seigneur.

 ## 7. L'amour ne cherche point son propre intérêt

Dans ce monde moderne, il n'est pas difficile de trouver de l'égoïsme. Les gens cherchent leur propre intérêt plutôt que le bien d'autrui. Dans certains pays, on met du produit chimique nocif dans le lait en poudre destiné aux bébés. Certaines personnes causent beaucoup de tort à leur propre pays en volant des technologies très importantes pour le pays.

La mentalité du «d'accord, mais pas derrière chez moi» fait qu'il est difficile pour le gouvernement de construire des infrastructures publiques comme des décharges ou des crématoriums publics. Les gens ne se soucient pas du bien d'autrui et ne se préoccupent que de leur propre bien-être. Même si ce n'est pas toujours aussi extrême que dans les cas susmentionnés, nous retrouvons beaucoup d'actes égoïstes dans nos vies quotidiennes.

Par exemple, des collègues ou des amis vont au restaurant ensemble. Ils doivent choisir ce qu'ils voudraient manger et l'un d'eux insiste sur ce qu'il veut. Une autre personne suit les désirs de cette personne, mais il n'est pas à l'aise au fond de lui avec ce choix. D'autres personnes demandent toujours d'abord l'avis des autres. Ensuite, qu'ils aiment ou non la nourriture choisie par les autres, ils mangent toujours avec joie. A quelle catégorie de personne appartenez-vous?

Un groupe de personne se rencontre pour préparer un évènement. Ils ont plusieurs opinions différentes. Une personne tente de persuader les autres jusqu'à ce que les autres soient d'accord avec elle. Une autre n'insiste pas tellement sur son opinion mais lorsqu'elle n'aime pas l'opinion d'une autre, elle montre son désaccord mais accepte néanmoins.

D'autres personnes écoutent les autres donner leurs opinions. Et, même si leur idée est différente de la leur, elles tentent de la suivre. Cette différence provient de la quantité d'amour qu'une personne a dans son cœur.

Si un conflit d'opinions conduit à des querelles ou des disputes, cela implique que les personnes cherchent leur propre intérêt et n'insistent uniquement que sur leurs propres opinions. Dans le couple, n'insister que sur ses propres opinions n'entraîne que des conflits continuels et les conjoints n'arrivent plus à se comprendre. Ils pourront avoir la paix s'ils décident de céder et de chercher à se comprendre l'un l'autre. Cependant, la paix est souvent brisée du fait d'insister sur ses propres opinions.

Si nous aimons quelqu'un, nous nous soucierons de cette personne plus que de nous-mêmes. Considérons l'amour des parents. La plupart des parents pensent d'abord à leurs enfants plutôt qu'à eux-mêmes. Ainsi, les mères préfèrent entendre « Ta fille est vraiment jolie » plutôt que « Tu es vraiment jolie ».

Au lieu de manger elles-mêmes la délicieuse nourriture, elles sont heureuses quand leurs enfants mangent bien. Plutôt que de s'acheter de beaux vêtements, elles préfèrent en acheter à leurs enfants. Elles veulent également que leurs enfants deviennent plus instruits qu'elles. Elles veulent que leurs enfants soient reconnus et aimés par les autres. Si nous donnons ce genre d'amour à nos prochains et à tout le monde, combien Dieu le Père prendra plaisir en nous!

## Abraham a cherché l'intérêt des autres avec amour

Faire passer l'intérêt des autres avant les nôtres relève de l'amour sacrificiel. Abraham est un bon exemple d'une personne qui a d'abord cherché l'intérêt des autres plutôt que le sien.

Lorsqu'Abraham a quitté sa ville d'origine, son neveu, Lot, l'a accompagné. Lot a également reçu de grandes bénédictions grâce à Abraham et a eu tellement de bétail qu'il n'y avait plus assez d'eau pour abreuver aussi bien les troupeaux d'Abraham que ceux de Lot. Parfois même, les bergers des deux clans se querellaient.

Abraham ne voulait pas que la paix soit brisée et il a donné à Lot le droit de choisir en premier la partie du pays qu'il voulait et il choisirait l'autre. L'eau et les pâturages constituent des éléments essentiels à l'élevage. Le lieu où ils se trouvaient n'avait pas assez de pâturages et d'eau pour tous les troupeaux et laisser à Lot le meilleur terrain revenait à abandonner ce qui était essentiel à la survie.

Abraham pouvait faire preuve d'une telle considération pour Lot parce qu'il l'aimait beaucoup. Cependant, Lot ne comprenait pas réellement cet amour d'Abraham : il a simplement choisi les meilleures terres, la vallée du Jourdain, et est parti. Abraham s'est-il senti mal en voyant Lot choisir immédiatement sans hésiter ce qui était bon pour lui ? Non, pas du tout ! Il était heureux du fait que son neveu ait choisi les meilleures terres.

Dieu a vu le cœur bon d'Abraham et l'a béni encore plus partout où il allait. Il est devenu tellement riche qu'il était respecté même par les rois de la région. Comme ce récit nous le montre, nous recevrons certainement des bénédictions de Dieu si nous cherchons d'abord l'intérêt des autres plutôt que le nôtre.

Si nous donnons une chose qui nous appartient à nos bien-aimés, la joie sera plus grande que tout. Il s'agit d'une sorte de joie que seuls ceux qui ont offert quelque chose de très précieux à leurs bien-aimés peuvent comprendre. Jésus aimait cette joie. Le plus grand bonheur peut nous appartenir lorsque nous cultivons l'amour parfait. Il est difficile de donner à ceux que nous haïssons mais il n'est pas du tout difficile de donner à ceux que nous aimons. Nous serons heureux de donner.

## Profiter du plus grand bonheur

L'amour parfait nous permet de profiter du plus grand bonheur. Pour avoir l'amour parfait comme Jésus, nous devons penser aux autres avant nous-mêmes. Plutôt que nous-mêmes, ce sont nos prochains, Dieu, le Seigneur et l'église qui devraient être nos priorités, et, alors, Dieu prendra soin de nous. Il nous rendra quelque chose de meilleur lorsque nous chercherons l'intérêt des autres. Des récompenses éternelles seront stockées pour nous dans le Ciel. C'est pourquoi Dieu dit dans Actes 20:35: *«Il y a plus de bonheur à donner qu'à recevoir»*.

Soyons clairs à propos d'une chose. Nous ne devons pas nous retrouver dans des problèmes de santé parce que nous travaillons fidèlement pour le royaume de Dieu au-delà de la limite de nos forces physiques. Dieu acceptera notre cœur si nous essayons d'être fidèles au-delà de nos limites. Cependant, nos corps physiques ont besoin de repos. Nous devrions également prendre soin de la prospérité de notre âme en priant, jeûnant et en étudiant la Parole de Dieu, et pas uniquement en travaillant pour l'église.

Certaines personnes s'attirent des difficultés pour eux-mêmes, pour des membres de leur famille ou pour d'autres gens parce qu'ils passent trop de temps à des activités religieuses ou d'église. Par exemple, certains n'arrivent pas à bien accomplir leurs tâches au travail parce qu'ils jeûnent. Certains étudiants négligent leurs études pour participer à des activités d'école de Dimanche.

Dans ces cas, ils peuvent penser ne pas rechercher leur propre intérêt parce qu'ils travaillent dur. Toutefois, ce n'est pas tout à fait vrai. Malgré le fait qu'ils travaillent pour le Seigneur, ils ne sont pas fidèles dans toute la maison de Dieu, et ne remplissent donc pas tous les devoirs des enfants de Dieu. En fin de compte, ils ne cherchent que leur propre intérêt.

Que pouvons-nous faire pour éviter de rechercher notre propre intérêt en toutes choses? Nous devons bien sûr nous appuyer sur le Saint-Esprit. Celui-ci, qui est le cœur de Dieu, nous guide dans la vérité. Nous ne pouvons vivre pour la gloire de Dieu que si nous faisons tout sous la direction du Saint-Esprit, comme le dit l'Apôtre Paul: *«Soit donc que vous mangiez, soit que vous buviez, soit que vous fassiez quelque autre chose, faites tout pour la gloire de Dieu»* (1 Corinthiens 10:31).

Pour être capables de faire cela, il nous faut rejeter le mal de nos cœurs. En outre, si nous cultivons l'amour vrai dans nos cœurs, la sagesse de la bonté viendra sur nous et nous pourrons discerner la volonté de Dieu dans toutes les situations. Ainsi, si notre âme prospère, tout ira bien avec nous et nous serons en bonne santé, de sorte que nous pourrons être fidèles au Seigneur dans une mesure maximale. Nous serons également aimés de nos voisins et des membres de notre famille.

Lorsque des jeunes mariés viennent pour recevoir ma prière de bénédiction, je prie toujours pour eux qu'ils cherchent toujours d'abord l'intérêt de l'autre. S'ils se mettent à rechercher leur propre intérêt, ils ne seront pas en mesure d'avoir une famille paisible.

Nous pouvons rechercher l'intérêt de ceux que nous aimons ou de ceux qui peuvent être d'un intérêt pour nous. Cependant, qu'en est-il de ceux qui nous rendent la vie dure dans tous les domaines et qui cherchent toujours leur propre intérêt ? Et, que dire de ceux qui nous causent du tort ou cherchent à nous nuire, ou de ceux dont nous ne pouvons tirer aucun avantage ? Comment réagir par rapport à ceux qui agissent d'une façon mensongère et qui disent tout le temps des paroles mauvaises ?

Dans ces cas, si nous les évitons ou ne sommes pas prêts à nous sacrifier pour eux, cela veut dire que nous cherchons toujours nos propres intérêts. Nous devons pouvoir nous sacrifier nous-mêmes et céder la place même à ceux qui ont des idées différentes des nôtres. Ce n'est qu'alors que nous pourrons être considérés comme des individus qui répandent l'amour spirituel.

## 8. L'amour ne s'irrite point

L'amour rend le cœur des gens favorable. En revanche, la colère rend les cœurs défavorables. La colère blesse le cœur et le rend sombre. Si vous êtes en colère, vous ne pouvez demeurer dans l'amour de Dieu. Les pièges principaux que l'ennemi diable et Satan placent devant les enfants de Dieu sont la haine et la colère.

Etre provoqué ne signifie pas seulement se mettre en colère, élever la voix, insulter et devenir violent. Si votre visage se déforme, que sa couleur change et que votre façon de parler devient brutale, toute cela est inclut lorsque l'on parle d'être provoqué. Même si l'intensité est différente dans chaque cas, cela reste l'expression extérieure de sentiments de haine et négatifs dans le cœur. Toutefois, il ne faut pas juger ou condamner les autres pensant qu'ils sont en colère uniquement sur la base de leur apparence. Il n'est pas facile pour qui que ce soit de comprendre clairement le cœur d'une autre personne.

Un jour, Jésus a chassé ceux qui vendaient des choses dans le Temple. Les marchands avaient mis en place des tables et changeaient de l'argent ou vendaient du bétail aux gens qui venaient au Temple de Jérusalem pour la Pâque. Jésus est vraiment doux: Il ne conteste pas, Il ne crie pas, et personne n'entendra Sa voix dans les rues. Cependant, en voyant cette scène, Son attitude a été très différente de Son habitude.

Il a fabriqué un fouet en corde et a chassé les moutons, les vaches et d'autres animaux destinés aux sacrifices. Il a renversé les tables des bureaux de change et des vendeurs de pigeons. Quand les gens autour de Lui ont vu Jésus comme cela, ils auraient pu penser qu'Il était en colère. Mais, à ce moment, ce n'était pas tellement qu'Il était en colère à cause de certains sentiments négatifs comme la haine. Il était en réalité animé d'une indignation juste. Son indignation juste nous permet de réaliser que l'injustice de profaner le Temple de Dieu ne peut être tolérée. Ce genre d'indignation est le résultat de l'amour pour Dieu qui perfectionne l'amour par Sa justice.

## Différence entre indignation juste et colère

Dans Marc 3, le jour du sabbat, Jésus guérit dans la synagogue un homme qui avait la main sèche. Les gens observaient Jésus pour voir s'Il allait guérir quelqu'un le jour du sabbat afin de pouvoir l'accuser de violer le sabbat. A ce moment, Jésus connaissait leur cœur et a demandé: *«Est-il permis, le jour du sabbat, de faire du bien ou de faire du mal, de sauver une personne ou de la tuer?»* (Marc 3:4).

Leur intention a été révélée et ils n'ont rien pu répondre. La colère de Jésus se dirigeait vers leurs cœurs endurcis.

> *«Alors, promenant ses regards sur eux avec indignation, et en même temps affligé de l'endurcissement de leur cœur, il dit à l'homme: Etends ta main. Il l'étendit, et sa main fut guérie»* (Marc 3:5).

A cette époque, des gens méchants ne faisaient rien que d'essayer de condamner et de tuer Jésus, qui ne faisait que de bonnes œuvres. Alors, parfois, Jésus utilisait des expressions fortes à leur encontre. Il essayait de leur faire réaliser et de les aider à se détourner de la voie de la destruction. Ainsi, l'indignation juste de Jésus était motivée par Son amour. Cette indignation réveillait parfois les gens pour les conduire vers la vie. S'emporter et être animé d'une indignation juste constituent donc deux choses bien différentes. Ce n'est que lorsque nous devenons sanctifiés et n'avons pas du tout de péché que nos reproches et remontrances apportent la vie aux âmes. Cependant, sans la sanctification du cœur, on ne peut porter ce type de fruit.

Les gens se mettent en colère pour différentes raisons. Premièrement, les idées des gens et ce qu'ils souhaitent varient d'une personne à l'autre. Chacun a un contexte familial et éducationnel différent, de sorte que les cœurs, pensées et critères de jugement sont différents également. Toutefois, ils essaient de faire entrer les autres dans leurs propres idées et, en ce faisant, ils développent des sentiments négatifs par rapport aux autres.

Imaginons qu'un mari aime la nourriture salée, mais pas sa femme. Celle-ci pourra dire: «Trop de sel n'est pas bon pour la santé, tu devrais en manger un peu moins.» Elle donne ce conseil pour la santé de son mari. Néanmoins, si le mari ne veut rien entendre, elle ne devrait pas insister sur ce point. Ils devraient trouver une solution pour que les deux puissent se supporter mutuellement. Ils peuvent créer une famille heureuse lorsqu'ils essaient ensemble.

Deuxièmement, une personne peut se mettre en colère quand d'autres ne l'écoutent pas. S'il est plus âgé ou dans une position plus élevée, il voudra que les autres lui obéissent. Bien sûr, il est bon de respecter les personnes plus âgées et d'obéir à ceux qui se trouvent dans des positions de responsables dans la hiérarchie, mais il n'est pas bon pour ces personnes de forcer ceux qui se trouvent dans des positions inférieures à leur obéir.

Il arrive parfois qu'une personne d'un rang plus élevé n'écoute pas les subalternes mais exige qu'ils l'écoutent inconditionnellement.

Dans d'autres cas, les gens se mettent en colère lorsqu'ils subissent une perte ou sont traités injustement. Par ailleurs, certains se mettent en colère parce que d'autres ne l'aiment pas sans raison, ou lorsque des tâches ne sont pas exécutées comme ils ont demandé ou selon les instructions données, ou quand des gens les insultent.

Avant de se mettre en colère, les gens éprouvent déjà des sentiments négatifs dans leur cœur. Les mots ou actions des autres stimulent ces sentiments en eux. En fin de compte, ces sentiments non paisibles se manifestent sous la forme de la colère. Généralement, éprouver ces sentiments négatifs est le premier pas avant de se mettre en colère. Nous ne pouvons demeurer dans l'amour de Dieu et notre croissance spirituelle est fortement entravée si nous cédons à la colère.

Nous ne pouvons pas être changés par la vérité tant que nous éprouvons des sentiments négatifs. Nous devons arriver à ne plus nous emporter et à abandonner la colère entièrement. Dans 1 Corinthiens 3:16, il est écrit: «*Ne savez-vous pas que vous êtes le temple de Dieu, et que l'Esprit de Dieu habite en vous?*»

Comprenons bien que le Saint-Esprit vient dans le cœur et en fait le temple de Dieu et que Dieu nous voit sans cesse, et ne nous emportons pas uniquement parce que certaines choses ne vont pas dans la direction de nos propres idées.

## La colère de l'homme ne réalise pas la justice de Dieu

Elisée avait reçu une double portion de l'esprit de son maître, Elie, et a accompli encore plus d'œuvres par la puissance de Dieu. Il a donné à une femme stérile la bénédiction d'avoir des enfants, il a ressuscité un mort, guéri des lépreux et a vaincu une armée ennemie. Il a changé l'eau non potable en eau pure en y ajoutant du sel. Cependant, il est mort d'une maladie, ce qui était rare pour un grand prophète de Dieu.

Quelle en était la raison? Cela s'est produit lorsqu'il montait à Béthel. Un groupe de jeunes hommes est sorti de la ville et ils se sont moqués de lui parce qu'il n'avait pas beaucoup de cheveux et que son apparence n'était pas favorable. *«Monte, chauve! monte, chauve!»* (2 Rois 2:23)

Ils n'étaient pas rien que deux ou trois mais beaucoup de jeunes hommes se sont joints et se sont mis à se moquer d'Elisée, et il s'est senti mal à l'aise. Il les a mis en garde, les a réprimandés, mais ils n'ont pas écouté. Ils s'étaient vraiment mis en tête de rendre la vie difficile au prophète et c'en était trop pour Elisée.

Béthel était en quelque sorte le centre de l'idolâtrie du royaume d'Israël du nord après la scission de la nation. Ces jeunes hommes de cette région avaient sûrement le cœur endurci à cause de l'environnement de culte d'idoles. Il se peut qu'ils aient bloqué le passage, qu'ils aient craché sur Elisée ou même qu'ils lui aient jeté des pierres. Elisée a fini par les maudire. Deux ourses sont sorties de la forêt et ont tué quarante-deux de ces gens.

Bien sûr, ils se sont attiré cela sur eux-mêmes en se moquant d'un homme de Dieu au-delà des limites, mais cela montre qu'Elisée a éprouvé des sentiments négatifs. Cela n'est pas sans lien avec le fait qu'il soit mort d'une maladie. Nous pouvons voir qu'il n'est pas bon pour des enfants de Dieu de s'emporter. *« Car la colère de l'homme n'accomplit pas la justice de Dieu »* (Jacques 1:20).

## Ne pas s'emporter

Que devons-nous faire pour ne pas nous mettre en colère ? Devons-nous garder la colère en nous avec maitrise de soi ? Si nous écrasons un ressort, sa force de rebond est multipliée et il saute en l'air dès que nous le relâchons. Cela est également vrai de la colère. Si nous l'écrasons, il se peut que nous puissions éviter le conflit au moment présent, mais notre colère explosera tôt ou tard. Ne pas s'emporter signifie donc se débarrasser de ce sentiment de colère lui-même. Nous ne devons pas l'écraser mais changer notre colère en bonté et en amour afin de ne pas avoir à écraser quoi que ce soit.

Bien sûr, nous ne pouvons pas nous débarrasser des sentiments négatifs du jour au lendemain pour les remplacer par la bonté et l'amour. Nous devons essayer constamment, chaque jour. Lors de situations qui nous fâchent, nous devons commencer par abandonner la situation entre les mains de Dieu et être patients. Il est dit que dans le bureau de Thomas Jefferson, le troisième Président des Etats-Unis, on pouvait lire ces mots : « Quand vous êtes en colère, comptez jusqu'à dix avant de parler. Si vous êtes très en colère, jusqu'à cent. » Selon un proverbe coréen, « Etre patient trois fois empêchera un meurtre ».

Quand nous sommes en colère, nous devrons faire marche

arrière et nous poser la question de savoir en quoi laisser libre court à notre colère profiterait. Cela nous permettra d'éviter de faire quoi que ce soit que nous pourrions regretter ou dont nous serions gênés. Si nous essayons d'être patients par la prière et l'aide du Saint-Esprit, nous pourrons vite être débarrassés du sentiment mauvais de la colère lui-même. Si avant nous nous mettions en colère dix fois, ce nombre va se réduire à 9, puis 8, et ainsi de suite. Puis, nous ne ressentirons que de la paix même dans les situations vexantes. Alors nous serons vraiment heureux!

Il est écrit dans Proverbes 12:16: *«L'insensé laisse voir à l'instant sa colère, mais celui qui cache un outrage est un homme prudent»* et Proverbes 19:11 déclare: *«L'homme qui a de la sagesse est lent à la colère, Et il met sa gloire à oublier les offenses.»*

«Colère» est synonyme de «danger». Que nous puissions réaliser combien se mettre en colère est dangereux. Le vainqueur final est celui qui persévère. Certains font preuve de maîtrise de soi à l'église, et ce même dans des situations qui pourraient les mettre en colère, mais perdent vite leur sang-froid à la maison, à l'école ou au lieu de travail. Dieu n'existe pas que dans l'église.

Il sait quand on s'assied et quand on se lève et il connait chaque mot prononcé et chaque pensée. Il nous observe partout et le Saint-Esprit demeure dans nos cœurs. C'est pourquoi, nous devrions vivre comme si nous étions en tout temps devant Dieu.

Un certain couple marié se disputait et le mari en colère a crié à sa femme de fermer sa bouche. Elle était si choquée qu'elle n'a plus ouvert sa bouche jusqu'à sa mort. Le mari se mettait en colère contre sa femme et elle souffrait beaucoup. La colère fait souffrir beaucoup de gens et nous devrions faire tous nos efforts pour nous débarrasser de tous types de sentiments négatifs.

## 9. L'amour ne soupçonne point le mal

Dans le cadre de mon ministère, j'ai rencontré un grand nombre de personnes. Certaines personnes ressentent les émotions de l'amour de Dieu simplement en pensant à Lui et se mettent à pleurer, d'autres ont des difficultés dans le cœur parce qu'elles ne ressentent pas profondément l'amour de Dieu dans leur cœur bien qu'elles croient et L'aiment.

La mesure selon laquelle nous ressentons l'amour de Dieu dépend d'à quel point nous avons rejeté le péché et le mal. Si nous vivons selon la Parole de Dieu et rejetons le mal de nos cœurs, nous pouvons ressentir l'amour de Dieu au plus profond de nous sans que rien ne fasse obstacle à notre croissance dans la foi. Nous pouvons parfois rencontrer des difficultés dans notre marche de foi, mais, dans ces moments, souvenons-nous de l'amour de Dieu qui nous attend toujours. Tant que nous nous souvenons de Son amour, nous ne soupçonnerons point le mal.

## Soupçonner le mal

Dans son livre *Healing Life's Hidden Addictions* (Guérir les addictions cachées de la vie), le Dr. Archibald D. Hart, un ancien doyen de la Faculté de psychologie du séminaire de théologie Fuller, a écrit qu'un jeune américain sur quatre traverse une grave dépression, et que la dépression, la drogue, le sexe, Internet, la consommation d'alcool et le tabagisme ruinent la vie des jeunes.

Lorsqu'un drogué abandonne ses addictions qui changent la

façon de penser, de ressentir et le comportement, il se retrouve sans beaucoup de capacités pour faire face à la vie, voire aucune. Le drogué peut alors se tourner vers d'autres comportements addictifs, qui manipulent l'équilibre chimique du cerveau, afin de s'échapper. Ces comportements addictifs peuvent inclure le sexe et les relations sentimentales. Il ne peut obtenir de véritable satisfaction de quoi que ce soit, et il n'arrive pas non plus à ressentir la grâce et la joie qui découlent d'une relation avec Dieu, et se retrouve donc dans une maladie sérieuse, selon le Dr. Hart. L'addiction est une tentative de trouver la satisfaction dans d'autres choses que la grâce et la joie offertes par Dieu et est une conséquence du fait d'ignorer Dieu. Un drogué pense essentiellement continuellement à un préjudice subi.

Qu'est-ce donc qu'un préjudice subi? Il s'agit de toutes les mauvaises choses qui ne sont pas conformes à la volonté de Dieu. Penser au mal peut généralement se diviser en trois catégories.

**La première consiste à penser que l'on voudrait que quelque chose de mal arrive à d'autres personnes.**

Par exemple, imaginons que vous vous êtes disputé avec quelqu'un. Après cela, vous détestez tellement la personne que vous pensez: «Je souhaite qu'il trébuche et qu'il tombe.» On pourrait également imaginer que vous n'avez pas une bonne relation avec un voisin auquel il arrive quelque chose de néfaste. Vous pourriez alors penser: «C'est bien fait pour lui!» ou «Je savais que ça finirait par arriver!» Dans le cas des étudiants, un certain étudiant pourrait vouloir que l'un de ses condisciples échoue à un examen.

Si vous avez l'amour véritable en vous, vous ne penserez jamais à des choses si mauvaises. Voudriez-vous que vos êtres chers soient malades ou se retrouvent dans un accident? Vous voudriez que votre épouse ou votre mari soit toujours en bonne santé et protégé des accidents. Quand nous n'avons pas l'amour dans nos cœurs, nous voudrions que des choses mauvaises arrivent à d'autres et nous nous réjouissons du malheur des autres.

Nous voudrons, par ailleurs, connaître les péchés et les faiblesses des autres et les dire à tout le monde si nous n'avons pas l'amour. Supposons que vous vous soyez rendu à une réunion où quelqu'un a dit quelque chose de mal sur une autre personne. Si vous vous êtes intéressé à cette conversation, vous devriez sonder votre cœur. Si quelqu'un calomniait vos parents, voudriez-vous continuer de l'écouter? Vous leur diriez de cesser immédiatement.

Bien sûr, il peut y avoir des cas et des moments où vous avez besoin de connaître les situations d'autres personnes parce que vous voulez les aider. Cependant, si ce n'est pas le cas et que vous voulez néanmoins connaître les choses négatives concernant les autres, cela montre que vous avez un désir de répandre des commérages et de calomnier les autres. *«La voie du méchant est en horreur à l'Eternel, mais il aime celui qui poursuit la justice»* (Proverbes 17:9).

Ceux qui sont bons et dont le cœur est rempli d'amour essaieront de couvrir les fautes des autres. De plus, si nous possédons l'amour spirituel, nous ne serons pas jaloux ou envieux lorsque d'autres seront bien lotis. Nous voudrons en fait qu'ils soient bien lotis et aimés des autres. Le Seigneur Jésus nous a demandé d'aimer nos ennemis. Romains 12:14 affirme également: *«Bénissez ceux qui vous persécutent, bénissez et ne maudissez pas.»*

**Le deuxième aspect de mauvaises pensées consiste à juger et condamner les autres.**

Par exemple, supposons que vous voyiez un autre croyant se rendre dans un endroit où les croyants ne devraient pas aller. Quelles seront vos pensées à ce moment-là? Vous pourriez développer une opinion négative de lui au point de penser des choses méchantes comme: «Comment peut-il faire une telle chose?» Mais, si vous avez ne serait-ce qu'un peu de bonté, vous pourriez vous demander: «Pourquoi va-t-il dans un tel endroit?», puis changer de pensée et vous dire qu'il doit avoir une bonne raison.

Par contre, si votre cœur est rempli d'amour spirituel, vous ne penserez même pas négativement pour commencer. Même si vous entendez quelque chose de mauvais, vous ne jugerez pas ou ne condamnerez pas une personne avant de vérifier à deux fois les faits. Dans la plupart des cas, quand des parents entendent des choses négatives par rapport à leurs enfants, comment réagissent-ils? Ils ne l'acceptent pas facilement mais insistent par rapport au fait que leurs enfants ne feraient pas de telles choses. Ils se diraient que la personne qui parle de la sorte est mauvaise. De la même façon, si vous aimez réellement quelqu'un, vous essaierez de penser à lui ou elle de la meilleure façon possible.

Pourtant, aujourd'hui, nous trouvons des gens qui pensent mal des autres et disent trop facilement du mal sur les autres. Cela n'est pas seulement vrai dans les relations personnelles, mais on critique également ceux qui occupent des postes publics.

On n'essaie même pas d'avoir tous les faits par rapport à ce qu'il s'est vraiment passé et des rumeurs sans fondement se répandent.

A cause de commentaires agressifs sur Internet, des gens se sont même suicidés. Les gens jugent et condamnent les autres selon leurs propres critères et non pas selon la Parole de Dieu. Quelle est donc la volonté de Dieu?

Jacques 4:12 nous met en garde: *«Un seul est législateur et juge, c'est celui qui peut sauver et perdre; mais toi, qui es-tu, qui juges le prochain?»*

Seul Dieu peut vraiment juger. En fait, Dieu nous dit que juger nos prochains est mal. Imaginons que quelqu'un fasse vraiment quelque chose de mal. Dans cette situation, pour ceux qui sont remplis d'amour spirituel, l'important ne sera pas de savoir si la personne a eu raison ou pas de faire ce qu'elle a fait. Ils ne penseront qu'à ce qui est vraiment bénéfique pour cette personne. Ils ne voudront rien d'autre que de voir l'âme de la personne prospérer et cette personne être aimée de Dieu.

Par ailleurs, l'amour parfait, en plus de couvrir une multitude de fautes, aide également l'autre personne à se repentir. Nous devrions pouvoir enseigner la vérité et toucher le cœur de cette personne de sorte qu'elle puisse se diriger sur le bon chemin et se changer. Si nous possédons l'amour spirituel parfait, nous n'aurons pas à essayer de considérer les gens avec bonté. Nous aimerons naturellement même la personne qui a commis beaucoup de péchés. Nous ne voudrons que lui faire confiance et l'aider. Si nous n'avons aucune pensée de jugement ou de condamnation par rapport aux autres, nous serons contents, peu importe les gens que nous rencontrons.

**Le troisième aspect concerne toutes les pensées qui ne sont pas conformes à la volonté de Dieu.**

Ce n'est pas juste le fait d'avoir de mauvaises pensées par rapport aux autres qui est mal, mais également le fait d'avoir des pensées qui ne sont pas en accord avec la volonté de Dieu. Dans le monde, les gens qui vivent selon des critères moraux et selon leur conscience sont considérés comme vivant dans la bonté.

Toutefois, ni la moralité, ni la conscience, ne peuvent être les normes absolues de bonté. Toutes deux contiennent en effet des éléments contraire ou complètement à l'opposé de la Parole de Dieu. Seule la Parole de Dieu peut être notre norme absolue de bonté.

Ceux qui acceptent le Seigneur confessent qu'ils sont pécheurs. Les gens peuvent s'enorgueillir par rapport à eux-mêmes parce qu'ils font le bien et vivent des vies moralement bonnes, mais ils n'en restent pas moins mauvais et pécheurs si l'on s'en tient à la Parole de Dieu. Tout ce qui n'est pas conforme à la Parole de Dieu est, en effet, mauvais et péché, la Parole de Dieu étant la norme absolue de bonté (1 Jean 3:4).

Qu'est-ce que donc la différence entre le péché et le mal? Dans un sens large, le péché et le mal sont des contrevérités contraires à la vérité qui est la Parole de Dieu. Ils sont ténèbres, ce qui est en opposition par rapport à Dieu, qui est lumière.

Néanmoins, si l'on s'y penche un peu plus près, nous nous rendons compte qu'il s'agit de deux choses différentes. Si on les compare à un arbre, le mal constitue les racines qui se trouvent dans le sol et ne sont pas visibles et le péché, ce sont les branches, les feuilles et les fruits.

Sans racines, l'arbre ne peut avoir de branches, de feuilles ou de fruits. De même, le péché se manifeste à cause du mal. Le mal est une nature se trouvant dans les cœurs des gens. C'est la nature opposée à la bonté, à l'amour et à la vérité de Dieu. Lorsque le mal se manifeste sous une forme particulière, il est question de péché.

Jésus a dit: *«L'homme bon tire de bonnes choses du bon trésor de son cœur, et le méchant tire de mauvaises choses de son mauvais trésor; car c'est de l'abondance du cœur que la bouche parle»* (Luc 6:45).

Imaginons qu'une personne dise quelque chose qui fait mal à une autre personne qu'elle déteste. Le mal de son cœur se manifeste ainsi sous forme de «haine» et de «paroles mauvaises», qui sont des péchés spécifiques. Un péché est défini selon la norme appelée la Parole de Dieu, qui est le commandement.

Sans loi, personne ne peut punir qui que ce soit, car il n'y a pas de norme de discernement et de jugement. De même, le péché se révèle en ce qu'il est contraire à la norme de la Parole de Dieu. Le péché peut être catégorisé en choses de la chair et en œuvres de la chair. Les choses de la chair sont les péchés commis dans le cœur et les pensées comme la haine, l'envie, la jalousie, les pensées adultères. Les œuvres de la chair sont des péchés commis en action, comme les disputes, la colère ou le meurtre.

Cela peut en quelque sorte être assimilé aux péchés ou crimes de ce monde, qui sont également divisés en différentes catégories. Par exemple, on tiendra compte de la cible du crime: a-t-il été commis contre une nation, un peuple ou un individu?

Cependant, ce n'est pas parce que quelqu'un a le mal dans le cœur, que cette personne va nécessairement commettre un péché. Celui qui écoute la Parole de Dieu et a la maîtrise de soi pourra éviter de commettre des péchés, même s'il a du mal dans son cœur.

A ce stade, la personne pourrait être satisfaite pensant qu'elle a déjà accompli la sanctification puisqu'elle ne commet aucun péché visible.

Toutefois, pour devenir complètement sanctifiés, nous devons nous débarrasser du mal qui se trouve dans notre nature, au plus profond de notre cœur. La nature d'une personne contient le mal hérité de ses parents. Cela ne se révèle généralement pas dans les situations ordinaires mais fait surface dans les situations extrêmes.

Selon un dicton coréen, «Il n'y a personne qui, n'ayant pas mangé depuis trois jours, ne sauterait pas la clôture de son voisin.» Cela revient à dire que la nécessité ne reconnait aucune loi. Jusqu'à ce que nous soyons complètement sanctifiés, le mal qui reste caché peut se révéler dans des situations extrêmes.

Bien que minuscules, les excréments de mouches n'en restent pas moins des excréments. De même, même si ce ne sont pas des péchés, toutes choses qui ne sont pas parfaites aux yeux du Dieu parfait sont en fin de compte des formes de mal. C'est pourquoi 1 Thessaloniciens 5:22 nous exhorte: *«Abstenez-vous de toute espèce de mal.»*

Dieu est amour. En fait, les commandements de Dieu peuvent être résumés en «aimer». Autrement dit, il est mal et contre la loi de Dieu de ne pas aimer. C'est pourquoi, afin de savoir si nous soupçonnons le mal, nous pouvons nous demander à quel point nous sommes remplis d'amour. Si nous aimons Dieu et les autres âmes, nous ne soupçonnerons point le mal.

*«Et c'est ici son commandement: que nous croyions au nom de son Fils Jésus-Christ, et que nous nous aimions*

*les uns les autres, selon le commandement qu'il nous a donné»* (1 Jean 3:23).

*«L'amour ne fait point de mal au prochain: l'amour est donc l'accomplissement de la loi»* (Romains 13:10).

## Ne point soupçonner le mal

Pour ne point soupçonner le mal, nous devons avant tout ne même pas voir ni entendre de choses mauvaises. Même s'il nous arrivait d'en voir ou d'en entendre, nous devrions essayer de ne pas nous en rappeler ou de ne plus y penser. Nous ne devons pas essayer de nous en souvenir. Bien sûr, il arrive des moments où nous ne pouvons pas contrôler nos propres pensées. Une certaine pensée peut surgir et devenir encore plus forte lorsque l'on essaie de ne pas y penser. Cependant, si nous essayons par la prière de ne pas avoir de pensées mauvaises, le Saint-Esprit nous aidera. Nous ne devons jamais voir ou entendre intentionnellement des choses mauvaises, ni y penser, et, de plus, nous devons même rejeter les pensées qui apparaissent ne serait-ce que momentanément dans nos pensées.

Nous ne devons pas non plus participer à des œuvres mauvaises. Dans 2 Jean 1:10-11, la Bible déclare: *«Si quelqu'un vient à vous et n'apporte pas cette doctrine, ne le recevez pas dans votre maison, et ne lui dites pas: Salut! car celui qui lui dit: Salut! participe à ses mauvaises œuvres.»* Dieu nous conseille ici d'éviter le mal et de ne pas l'accepter.

Les êtres humains héritent leurs natures pécheresses de leurs parents. Durant la vie dans ce monde, les gens viennent au contact de tellement de contrevérités. Sur le fondement de cette nature pécheresse et de ces contrevérités, une personne développe son caractère personnel, ou son «moi». Une vie chrétienne consiste à rejeter ces natures pécheresses et ces contrevérités dès le moment où nous acceptons le Seigneur. Pour rejeter cette nature pécheresse et ces contrevérités, nous avons besoin de beaucoup de patience et d'efforts. Etant donné que nous vivons dans ce monde, nous sommes plus familiers avec les contrevérités qu'avec la vérité. Il est relativement plus facile d'accepter la contrevérité et de l'intégrer que de la rejeter. Par exemple, il est facile de faire une tache sur une robe blanche avec de l'encre noire, mais il est très difficile de faire partir la tache et rendre la robe à nouveau complètement blanche.

De plus, bien que certaines choses puissent sembler être des petits maux sans importance, elles peuvent se développer en de grands maux en un instant. Tout comme dans l'avertissement de Galates 5:9: *«Un peu de levain fait lever toute la pâte»*, un petit mal peut se répandre à de nombreuses personnes très rapidement. C'est pourquoi, il nous faut être prudent même par rapport à la plus petite forme de mal. Pour être capable de ne plus penser mal, nous devons le détester et ne même pas y réfléchir. Dieu nous ordonne: *«Vous qui aimez l'Eternel, haïssez le mal!»* (Psaumes 97:10) et nous enseigne que *«La crainte de l'Eternel, c'est la haine du mal»* (Proverbes 8:13).

Si vous aimez passionnément quelqu'un, vous aimerez ce que cette personne aime et détesterez ce qu'elle déteste. Vous n'avez pas besoin d'avoir une raison pour cela. Quand les enfants de Dieu, qui ont reçu le Saint-Esprit, commettent des péchés, le

Saint-Esprit en eux gémit. Ainsi, ils ont dans leur cœur un sentiment d'affliction. Ils réalisent ensuite que Dieu déteste ces choses qu'ils ont faites et ils essaient de ne plus pécher. Il est important d'essayer de rejeter même les plus petites formes de péché et ne plus accepter de choses mauvaises.

## S'appliquer à la Parole de Dieu et à la prière

Le mal est vraiment inutile. Dans Proverbes 22:8, la Bible dit: *«Celui qui sème l'iniquité moissonne l'iniquité, et la verge de sa fureur disparaît.»* Des maladies pourraient venir sur nous ou sur nos enfants, ou nous pourrions faire face à des accidents. Nous pourrions vivre dans la tristesse à cause de la pauvreté et de problèmes familiaux. Tous ces problèmes, après tout, viennent du mal.

*«Ne vous y trompez pas: on ne se moque pas de Dieu. Ce qu'un homme aura semé, il le moissonnera aussi»* (Galates 6:7).

Bien sûr, les problèmes ne peuvent pas toujours survenir immédiatement à nos yeux. Dans ce cas, lorsque le mal s'accumule depuis un certain temps, il peut même provoquer des problèmes qui vont affecter nos enfants plus tard. Etant donné que les gens du monde ne comprennent pas ce type de loi, ils font beaucoup de choses mauvaises de toutes sortes de façons.

Par exemple, ils trouvent normal de se venger de ceux qui leur ont fait du tort. Pourtant, Proverbes 20:22 déclare: *«Ne dis pas:*

*Je rendrai le mal. Espère en l'Eternel, et il te délivrera.»*

Dieu contrôle la vie, la mort, le bonheur et le malheur des êtres humains selon Sa justice. C'est pourquoi, si nous faisons le bien selon la Parole de Dieu, nous récolterons très certainement des fruits de bonté. Cela est conforme à ce qui est promis dans Exode 20:6: «*...et qui fais miséricorde jusqu'à mille générations à ceux qui m'aiment et qui gardent mes commandements.*»

Pour se garder du mal, nous devons détester le mal. En outre, il nous faire deux choses en grande quantité et en tout temps. Il nous faut nous appliquer à la Parole de Dieu et à la prière. Quand nous méditons la Parole de Dieu jour et nuit, nous pouvons rejeter les mauvaises pensées et avoir des pensées spirituelles et bonnes. Nous pourrons comprendre alors quel type d'action est une action d'amour véritable.

Par ailleurs, lorsque nous prions, nous méditons la Parole de Dieu encore plus profondément, de sorte que nous puissions prendre conscience du mal dans nos paroles et nos actions. Quand nous prions avec ferveur par l'aide du Saint-Esprit, nous pouvons dominer sur le mal et le chasser de nos cœurs. Nous devons rapidement rejeter le mal par la Parole de Dieu et la prière afin de vivre une vie remplie de bonheur.

## 10. L'amour ne se réjouit point de l'injustice

Plus une société est développée, plus il y a d'opportunités de succès pour les hommes honnêtes. Au contraire, les sociétés moins développées ont tendance à connaitre davantage de corruption, et presque tout peut être obtenu ou accompli avec de l'argent. La corruption est surnommée la maladie des nations, car elle est liée à la prospérité du pays. La corruption et l'injustice affectent également les vies des individus dans une large mesure. Les personnes égoïstes ne peuvent pas obtenir de satisfaction véritable parce qu'elles ne pensent qu'à elles-mêmes et sont incapables d'aimer les autres.

Ne point se réjouir de l'injustice et ne point soupçonner le mal sont deux choses assez semblables. Le fait de «ne point soupçonner le mal» implique l'absence de toute forme de mal dans le cœur. «Ne point se réjouir de l'injustice» signifie ne pas prendre plaisir dans les conduites, actions ou comportements honteux ou irrespectueux et ne pas y prendre part.

Imaginons que vous soyez jaloux d'un ami qui est riche. Vous le détesterez encore plus du fait qu'il semble être toujours en train de se vanter de sa richesse. Vous pourriez également penser: «Il est tellement riche, et pourquoi pas moi? J'espère qu'il va faire faillite.» Et donc on pense à des choses mauvaises. Cependant, un jour, quelqu'un l'escroque et sa société fait faillite du jour au lendemain. Et voilà que l'on s'en réjouit en pensant: «Il se vantait de ses richesses, alors c'est bien fait pour lui», et ainsi on se réjouit, on est content de l'injustice. Par ailleurs, si nous participons à ce genre d'œuvres, cela revient à se réjouir activement de l'injustice.

Il y a une injustice en général lorsque même les non-croyants pensent que c'est une injustice. Par exemple, certaines personnes accumulent les richesses de façon malhonnête en trichant ou en menaçant d'autres par la force. On peut enfreindre des règlements ou des lois du pays et accepter quelque chose en échange pour son gain personnel. Si un juge émet un verdict injuste après avoir reçu des pots-de-vin et qu'un homme innocent soit puni, cela est injuste aux yeux de tous. Il s'agit d'un abus de son autorité de juge.

Lorsque quelqu'un vend quelque chose, il peut tricher par rapport au volume ou à la quantité. Il peut utiliser du matériel de qualité moindre pour tirer un profit indu. Il ne pense pas aux autres mais uniquement à ses propres intérêts à court terme. Il sait ce qui est juste mais n'hésite pas à tromper les autres parce qu'il se réjouit de l'argent injuste. Beaucoup de gens, en fait, trompent les autres pour des gains injustes. Mais qu'en est-il de nous? Pouvons-nous dire que nous sommes sans reproches?

Imaginons un scénario comme celui qui suit. Vous êtes un ouvrier des routes et vous apprenez que l'un de vos amis proches gagne énormément d'argent de façon illégale en organisant certaines affaires. S'il est pris, il sera puni sévèrement, mais cet ami vous donne une importante somme d'argent pour que vous gardiez le silence et l'ignoriez pendant un moment. Il vous dit qu'il va vous donner encore plus d'argent plus tard. A ce moment, votre famille fait face à une urgence et vous avez besoin d'une grande somme d'argent. Que feriez-vous?

Imaginons une autre situation. Un jour, vous consultez votre compte en banque et réalisez que vous avez plus d'argent que vous ne le pensiez. Vous apprenez ensuite que l'argent qui devait être transféré pour le paiement de vos impôts n'a pas été retiré. Comment réagissez-vous alors? Allez-vous vous réjouir en vous disant que c'est de leur faute et que ce n'est pas de votre responsabilité?

Il est dit dans 2 Chroniques 19:7: *«Maintenant, que la crainte de l'Eternel soit sur vous; veillez sur vos actes, car il n'y a chez l'Eternel, notre Dieu, ni iniquité, ni égards pour l'apparence des personnes, ni acceptation de présents.»* Dieu est juste, il n'y a absolument aucune trace d'injustice en Lui. Nous pouvons être cachés de la vue des gens, mais on ne peut tromper Dieu. C'est pourquoi, ne serait-ce que par crainte de Dieu, nous devons marcher de façon droite et honnête.

Considérons Abraham. Lorsque son neveu à Sodome a été capturé durant une guerre, Abraham a non seulement secouru son neveu, mais également toutes les personnes capturées et leurs possessions. Le roi de Sodome a voulu manifester sa reconnaissance en rendant à Abraham certaines des choses qu'il avait reprises au roi ennemi, mais Abraham n'a pas accepté.

> *«Le roi de Sodome a alors voulu donner le butin à Abraham pour le remercier, mais Abraham a répondu: 'je ne prendrai rien de tout ce qui est à toi, pas même un fil, ni un cordon de soulier, afin que tu ne dises pas: J'ai enrichi Abram. Rien pour moi!'»* (Genèse 14:22-23).

LLorsque sa femme Sara est morte, le propriétaire de la terre lui a offert un lieu de sépulture, mais Abraham ne l'a pas accepté. Il a payé le prix convenable. Cela pour qu'il n'y ait pas de disputes futures par rapport à cette terre. Il a fait ce qu'il a fait parce qu'il était honnête. Il ne voulait pas recevoir ni de gains indus, ni de profits injustes. S'il avait été intéressé par l'argent, il aurait simplement cherché ce qui lui était profitable.

Ceux qui aiment Dieu et sont aimés de Dieu ne feront jamais de mal à qui que ce soit et ne rechercheront pas leur propre avantage en enfreignant la loi du pays. Ils ne s'attendent à rien de plus que ce qu'ils méritent de recevoir au travers de leur travail honnête. Ceux qui se réjouissent d'une injustice ne sont pas remplis d'amour pour Dieu ou leurs prochains.

## L'injustice aux yeux de Dieu

L'injustice dans le Seigneur est un peu différente de l'injustice dans le contexte général. En plus de ne pas devoir enfreindre la loi et causer des dommages à autrui, tout péché contre la Parole de Dieu est également une injustice. Quand le mal du cœur se manifeste sous une forme spécifique, c'est un péché, et c'est de l'injustice. Parmi tous les péchés, l'injustice se réfère particulièrement aux œuvres de la chair.

En fait, la haine, l'envie, la jalousie et d'autres maux du cœur se manifestent en actions en tant que querelles, conflits, violence, escroquerie ou meurtre. La Bible nous dit que si nous agissons d'une façon injuste, il nous sera difficile même d'être sauvés.

En effet, 1 Corinthiens 6:9-10: *«Ne savez-vous pas que les injustes n'hériteront point le royaume de Dieu? Ne vous y trompez pas: ni les débauchés, ni les idolâtres, ni les adultères, ni les efféminés, ni les infâmes, ni les voleurs, ni les cupides, ni les ivrognes, ni les outrageux, ni les ravisseurs, n'hériteront le royaume de Dieu.»*

Acan est l'une des personnes dont l'amour pour l'injustice a entraîné la destruction. Il faisait partie de la seconde génération de l'Exode et, depuis son enfance, il a pu voir et entendre les choses que Dieu avait faites pour son peuple. Il a vu la colonne de nuée pendant le jour et la colonne de feu pendant la nuit qui les guidait. Il a vu le cours du Jourdain s'arrêter et la ville impénétrable de Jéricho tomber en un instant. Il connaissait également très bien le commandement de Dieu selon lequel personne ne devait prendre des choses qui étaient dans la ville de Jéricho, car elles allaient être offertes à Dieu.

Mais dès qu'il a vu les choses qui étaient dans la ville de Jéricho, il a perdu la raison à cause de la cupidité. Après avoir vécu une vie sans rien pendant tout ce temps dans le désert, les choses de la ville lui sont apparues très belles. Lorsqu'il a vu le beau manteau et les belles pièces d'or et d'argent, il a oublié la Parole de Dieu et le commandement de Josué et les a cachés pour les garder pour lui.

A cause du péché d'Acan qui a enfreint le commandement de Dieu, Israël a subi de nombreuses pertes humaines lors de la bataille suivante. C'est grâce à ces pertes que l'injustice d'Acan a été révélée et lui et sa famille ont été lapidés. Les pierres se sont accumulées en un monticule et cet endroit a été appelé la vallée d'Achor.

Considérons également Nombres chapitres 22-24. Balaam était un homme qui pouvait communiquer avec Dieu. Un jour, Balak, roi de Moab, lui a demandé de maudire le peuple d'Israël. Dieu a donc dit à Balaam: *«Dieu dit à Balaam: Tu n'iras point avec eux; tu ne maudiras point ce peuple, car il est béni»* (Nombres 22:12).

Après avoir entendu la Parole de Dieu, Balaam a refusé de satisfaire la requête du roi moabite. Lorsque le roi lui a envoyé de l'or, de l'argent et beaucoup de trésors, il s'est retrouvé face à un dilemme. En fin de compte, ses yeux étaient aveuglés par le trésor et il a expliqué au roi comment mettre en place un piège contre le peuple d'Israël. Quel en a été le résultat? Les enfants d'Israël ont mangé des aliments sacrifiés aux idoles et ont commis l'adultère, ce qui a fait descendre sur eux une grande tribulation et Balaam a été finalement tué par l'épée. Tel était le résultat de l'amour pour un gain injuste.

Aux yeux de Dieu, l'injustice est directement liée au salut. Si nous voyons des frères et des sœurs dans la foi agir de façon injuste comme les non-croyants du monde, que devons-nous faire? Bien entendu, nous devons pleurer sur eux, prier pour eux et les aider à vivre selon la Parole. Cependant, certains croyants envient ces gens et pensent: «Je voudrais moi aussi vivre une vie chrétienne plus facile et plus confortable.» De plus, si vous prenez part avec eux, vous ne pourrez pas affirmer aimer le Seigneur.

Jésus, qui était sans faute, est mort pour nous amener, nous qui sommes injustes, vers Dieu (1 Pierre 3:18). Quand nous réalisons le grand amour de Dieu, nous ne pouvons jamais nous réjouir de l'injustice. Ceux qui ne se réjouissent pas de l'injustice vont au-delà du simple fait d'éviter de pratiquer l'injustice: ils vivent activement en conformité à la Parole de Dieu. Nous pouvons alors devenir les amis du Seigneur et vivre des vies prospères (Jean 15:14).

## 11. L'amour se réjouit de la vérité

Jean, l'un des douze disciples de Jésus, a été sauvé du martyre et a vécu jusqu'à sa mort de vieillesse en répandant l'évangile de Jésus-Christ et la volonté de Dieu à beaucoup de gens. L'une des choses dont il a pu jouir dans les dernières années de sa vie a été d'entendre que les croyants essayaient de vivre selon la Parole de Dieu, la vérité.

Il dit :*« J'ai été fort réjoui, lorsque des frères sont arrivés et ont rendu témoignage de la vérité qui est en toi, de la manière dont tu marches dans la vérité. Je n'ai pas de plus grande joie que d'apprendre que mes enfants marchent dans la vérité« »* (3 Jean 1:3-4).

Nous pouvons saisir la joie qui était sienne dans l'expression « J'ai été fort réjoui ». Il avait auparavant un tempérament chaud, au point même d'être appelé fils du tonnerre lorsqu'il était jeune, mais il a changé et a été connu comme l'apôtre de l'amour.

Si nous aimons Dieu, nous ne pratiquerons aucune injustice et, non seulement cela, mais nous mettrons en pratique la vérité. Nous nous réjouirons aussi de la vérité. La vérité, c'est Jésus-Christ, l'évangile et les 66 livres de la Bible. Ceux qui aiment Dieu et sont aimés de Lui se réjouiront certainement de Jésus-Christ et de l'évangile. Ils se réjouissent lorsque le royaume de Dieu s'élargit. Que signifie donc se réjouir de la vérité?

**Premièrement, il s'agit de se réjouir de « l'évangile ».**

Par « évangile », il faut entendre la bonne nouvelle selon

laquelle nous sommes sauvés au travers de Jésus-Christ et sommes en route vers le royaume céleste. Beaucoup cherchent la vérité en se posant des questions telles que: «Quel est le sens de la vie? Qu'est-ce qu'une vie qui a de la valeur?» Pour répondre à ces questions, ils étudient des idées, des philosophies ou essaient de trouver des réponses dans une diversité de religions différentes. Cependant, c'est Jésus-Christ la vérité et nul ne peut aller au Ciel sans Lui. C'est pourquoi Jésus déclare *«Je suis le chemin, la vérité, et la vie. Nul ne vient au Père que par moi»* (Jean 14:6).

Nous avons reçu le salut et la vie éternelle en acceptant Jésus-Christ. Nous sommes pardonnées de nos péchés par le sang du Seigneur et nous sommes passés de l'Enfer au Ciel. Nous pouvons dès lors comprendre le sens de la vie et vivre une vie de valeur. Par conséquent, se réjouir avec l'évangile est une chose toute naturelle. Ceux qui se réjouissent avec l'évangile l'annonceront également diligemment aux autres. Ils rempliront leurs tâches reçues de Dieu et travailleront fidèlement à répandre l'évangile. De plus, ils se réjouissent lorsque des âmes entendent l'évangile et reçoivent le salut en acceptant le Seigneur. Ils se réjouissent lorsque le royaume de Dieu s'élargit. *«[Dieu] veut que tous les hommes soient sauvés et parviennent à la connaissance de la vérité»* (1 Timothée 2:4).

Certains croyants, cependant, sont jaloux des autres qui évangélisent beaucoup de gens et portent de grands fruits. Certaines églises sont jalouses d'autres églises lorsque ces autres églises grandissent et rendent gloire à Dieu. Cela n'est pas se réjouir de la vérité. Si nous possédons l'amour spirituel dans nos cœurs, nous nous réjouirons lorsque nous verrons le royaume de Dieu s'accomplir avec grandeur. Nous nous réjouirons ensemble lorsque nous verrons une église qui grandit et est aimée de Dieu.

C'est cela se réjouir de la vérité, se réjouir de l'évangile.

**Deuxièmement, se réjouir de la vérité signifie se réjouir de tout ce qui appartient à la vérité.**

Il s'agit de se réjouir en voyant, en entendant et en faisant les choses qui appartiennent à la vérité, comme la bonté, l'amour et la justice. Ceux qui se réjouissent de la vérité sont touchés et versent des larmes en entendant parler même des plus petites bonnes œuvres. Ils confessent que la Parole de Dieu est la vérité et qu'elle est plus douce que le miel de la ruche. Ils réjouissent donc en écoutant des prédications et en lisant la Bible. De plus, ils se réjouissent en mettant en pratique la Parole de Dieu. Ils obéissent avec joie à la Parole de Dieu qui nous dit de servir, de comprendre et de pardonner même ceux qui nous rendent la vie dure.

David aimait Dieu et il a voulu construire le temple de Dieu. Cependant, Dieu ne l'a pas laissé faire. La raison pour cela se trouve dans 1 Chroniques 28:3: *«Tu ne bâtiras pas une maison à mon nom, car tu es un homme de guerre et tu as versé du sang.»* Il était inévitable pour David de verser du sang puisqu'il s'est retrouvé dans de nombreuses guerres, cependant aux yeux de Dieu cela rendait David inapte pour cette tâche.

David ne pouvait pas construire le Temple lui-même mais il a préparé tous les matériaux pour la construction pour que son fils Salomon puisse le construire. David a préparé les matériaux de toutes ses forces et le simple fait de faire cela l'a rendu extrêmement heureux. *«Le peuple se réjouit de leurs offrandes volontaires, car c'était avec un cœur bien disposé qu'ils les faisaient à l'Eternel; et le roi David en eut aussi une grande joie»* (1 Chroniques 29:9).

Similairement, ceux qui se réjouissent avec la vérité se réjouiront lorsque d'autres personnes s'en sortent bien. Ils ne sont pas jaloux. Il leur serait inimaginable de penser des choses mauvaises telles que «j'espère que quelque chose va mal tourner pour cette personne», ou trouver du plaisir dans le malheur d'autres personnes. Lorsqu'ils voient quelque chose d'injuste se produire, ils s'en lamentent. De plus, ceux qui se réjouissent de la vérité sont capables d'aimer avec bonté, d'un cœur immuable et avec fidélité et intégrité. Ils se réjouissent avec de bonnes paroles et de bonnes œuvres. Dieu se réjouit également à leur sujet avec des cris de joie comme cela est affirmé dans Sophonie 3:17: *«L'Eternel, ton Dieu, est au milieu de toi, comme un héros qui sauve; Il fera de toi sa plus grande joie; Il gardera le silence dans son amour; il aura pour toi des transports d'allégresse.»*

Même si vous ne pouvez pas vous réjouir de la vérité en tout temps, vous ne devez pas vous décourager ou être déçu. Si vous faites de votre mieux, l'amour de Dieu considère déjà cet effort comme «se réjouir de la vérité».

**Troisièmement, se réjouir de la vérité, c'est croire la Parole de Dieu et essayer de la mettre en pratique.**

Il est rare de trouver des personnes qui ne se réjouissent que de la vérité depuis le début. Si nous gardons des ténèbres et des contrevérités en nous, nous pouvons penser à des choses mauvaises ou même nous réjouir de l'injustice. Toutefois, lorsque nous changeons petit à petit et rejetons entièrement le cœur de mensonge, nous pouvons nous réjouir complètement de la vérité. D'ici là, nous devons faire tous nos efforts.

Par exemple, tout le monde ne se sent pas heureux en se rendant à des cultes. Dans le cas de nouveaux croyants ou de ceux dont la foi est faible, ils peuvent se sentir fatigués, ou leur cœur peut être ailleurs. Ils peuvent même être en train de penser aux résultats des matchs de baseball ou peut-être se sentir anxieux par rapport à une réunion de travail du lendemain.

Pourtant, le fait de se rendre au sanctuaire et de prendre part au culte est déjà un effort pour essayer d'obéir à la Parole de Dieu. C'est déjà se réjouir de la vérité. Pourquoi essayons-nous de cette façon? Pour recevoir le salut et aller au Ciel. Parce que nous entendons la Parole de la vérité et nous croyons en Dieu, nous croyons également qu'il y a un jugement et un Ciel et un Enfer. Car nous savons qu'il y a différentes récompenses au Ciel, nous essayons d'essayer de façon plus diligente de devenir sanctifiés et de travailler fidèlement dans toute la maison de Dieu. Même s'il se peut que nous ne nous réjouissions pas à 100% de la vérité, si nous essayons de faire de notre mieux selon la mesure de notre foi, c'est déjà se réjouir de la vérité.

## Avoir faim et soif de la vérité

Il devrait être vraiment naturel pour nous de nous réjouir de la vérité. Seule la vérité nous donne la vie éternelle et nous change complètement. Si nous entendons la vérité, c'est-à-dire l'évangile, et la mettons en pratique, nous gagnerons la vie éternelle, et nous deviendrons de véritables enfants de Dieu. Alors que nous serons remplis d'espoir pour le royaume de Dieu et d'amour spirituel, nos visages rayonneront de joie. En outre, dans la mesure où nous

nous sommes transformés en la vérité, nous serons heureux parce que nous serons aimés et bénis de Dieu, et nous serons aussi aimés par beaucoup de gens.

Nous devrions nous réjouir de la vérité en tout temps et, de plus, nous devrions avoir faim et soif de la vérité. Si vous avez faim et soif, vous voudrez désespérément de la nourriture et des boissons. Quand nous aspirons à la vérité, nous devons être désespérés de la recevoir de sorte de que nous puissions vite changer en des personnes de vérité. Nous devons vivre une vie consistant à manger et boire continuellement la vérité. Qu'est-ce que manger et boire la vérité ? Il s'agit de garder la Parole de Dieu, la vérité, dans nos cœurs et de la mettre en pratique.

Si nous nous tenons devant quelqu'un que nous aimons vraiment, il sera difficile de cacher notre bonheur devant cette personne. Cela est également vrai lorsque nous aimons Dieu. A présent, nous ne sommes pas en mesure de nous tenir devant Dieu face à face, mais si nous aimons vraiment Dieu, cela se verra. En effet, si nous voyons ou entendons quelque chose concernant la vérité, nous serons dans la joie et heureux. Nos visages heureux ne passeront pas inaperçus pour les gens qui nous entourent. Nous verserons des larmes avec reconnaissance simplement en pensant à Dieu et au Seigneur et nos cœurs seront touchés par les plus petits actes de bonté.

Les larmes de la bonté, comme les larmes de reconnaissance et de deuil pour d'autres âmes, deviendront de beaux bijoux qui plus tard décoreront la maison de chaque personne au Ciel. Réjouissons-nous de la vérité de sorte que nos vies soient remplies d'évidences du fait que nous sommes aimés de Dieu.

**Caractéristiques de l'amour spirituel**

6. Il ne fait rien de malhonnête

7. Il ne cherche point son propre intérêt

8. Il ne s'irrite point

9. Il ne soupçonne point le mal

10. Il ne se réjouit point de l'injustice

11. Il se réjouit de la vérité

## 12. L'amour excuse tout

Quand nous acceptons Jésus-Christ et essayons de vivre selon la Parole de Dieu, il y a plusieurs choses que nous devons excuser. Nous devons excuser des situations de provocation. Nous devons également exercer la maîtrise de soi sur notre tendance à suivre nos propres désirs. C'est pourquoi en décrivant les premières caractéristiques de l'amour, il est dit d'être patient.

Pour être patient, il s'agit de lutter avec soi-même alors que nous essayons de rejeter les contrevérités du cœur. Le terme «excuser tout» a un sens plus large. Après que nous avons cultivé la vérité dans nos cœurs par la patience, nous devons traverser toutes les souffrances que nous pourrions rencontrer à cause des autres personnes. En particulier, nous devrons endurer des choses qui ne sont pas conformes à l'amour spirituel.

Jésus est venu sur cette terre pour sauver les pécheurs. Comment les gens l'ont-ils traité? Il n'a fait que des bonnes choses et, pourtant, les gens se sont moqué de Lui, L'ont négligé et L'ont méprisé. Finalement, ils L'ont crucifié. Jésus, cependant, a traversé tout cela de la part de toutes ces personnes et Il a offert des prières d'intercession pour elles continuellement. Il a prié pour elles en disant: *«Père, pardonne-leur, car ils ne savent ce qu'ils font»* (Luc 23:34).

Quel a été le résultat du fait que Jésus ait traversé toutes ces choses et aimait les gens? Toute personne qui accepte Jésus comme son Sauveur personnel peut maintenant recevoir le salut et devenir un enfant de Dieu. Nous avons été libérés de la mort et transférés vers la vie éternelle.

Un proverbe coréen dit : «Aiguise une hache pour faire une aiguille.» Cela veut dire qu'avec de la patience et de l'endurance, nous pouvons accomplir toutes sortes de tâches difficiles. Combien de temps et d'efforts seront nécessaires pour aiguiser une hache jusqu'à en faire une aiguille? Cela semble clairement être une tâche impossible, au point que l'on pourrait se demander: «Pourquoi ne vends-tu pas simplement la hache pour acheter des aiguilles?»

Mais Dieu a volontairement enduré ces épreuves car Il est le maître de notre esprit. Dieu est lent à la colère et est toujours patient envers nous, nous manifeste sa miséricorde et sa bonté juste parce qu'Il nous aime. Il taille et aiguise les gens même lorsque leurs cœurs sont durs comme de l'acier. Il attend que les personnes deviennent Ses véritables enfants, même s'il semble qu'il n'y ait aucune chance pour que cela se produise.

> *«Il ne brisera point le roseau cassé, et il n'éteindra point le lumignon qui fume, jusqu'à ce qu'il ait fait triompher la justice»* (Matthieu 12:20).

Même aujourd'hui, Dieu endure toutes les souffrances liées au fait de voir les actions des gens et nous attend avec joie. Il a été patient avec les gens, attendant qu'ils changent par la bonté même lorsqu'ils ont mal agi pendant des milliers d'années. Malgré qu'ils aient tourné le dos à Dieu pour servir des idoles, Dieu leur a montré qu'Il est le vrai Dieu et a été patient avec eux avec foi. Si Dieu disait: «Vous êtes pleins d'injustice et bon à rien. Je ne peux plus vous supporter», qui pourrait être sauvé?

Selon Jérémie 31:3: *«De loin l'Eternel se montre à moi: je t'aime d'un amour éternel; c'est pourquoi je te conserve ma bonté»*, Dieu nous conduit avec son amour éternel, infini.

Au cours de mon ministère de pasteur d'une grande église, j'ai pu comprendre la patience de Dieu dans une certaine mesure. Il y a eu des gens remplis d'iniquités ou de lacunes, mais, en ressentant le cœur de Dieu, j'ai toujours pu les regarder avec les yeux de la foi, convaincu qu'un jour ils changeraient et rendraient gloire à Dieu. Alors j'ai été patient à maintes reprises avec foi en eux et beaucoup de membres de l'église se sont développés pour devenir de bons responsables.

Chaque fois j'oublie vite le temps que j'ai enduré pour eux et j'ai l'impression que ça n'a duré qu'un moment. Dans 2 Pierre 3:8, il est écrit: *«Mais il est une chose, bien-aimés, que vous ne devez pas ignorer, c'est que, devant le Seigneur, un jour est comme mille ans, et mille ans sont comme un jour»*, et je peux comprendre ce que ce verset voulait dire. Dieu endure toutes chose pendant un temps très long et pourtant, pour Lui, ces moment ne sont qu'un instant. Comprenons cet amour de Dieu et, sur cette base, aimons tous ceux qui nous entourent.

## 13. L'amour croit tout

Si vous aimez réellement quelqu'un, vous croirez tout de cette personne. Même si l'autre personne a des faiblesses, vous continuerez tout de même d'essayer de croire cette personne. Un mari et une femme sont liés ensemble par amour. Si un couple marié n'a pas d'amour, cela signifie qu'ils ne se font pas confiance l'un à l'autre, et donc ils se querellent pour tout et doutent de tout ce qui concerne leur conjoint. Dans des cas sérieux, ils imaginent même des infidélités et sont une cause de souffrances physiques et morales l'un pour l'autre. S'ils s'aimaient vraiment l'un l'autre, ils se feraient confiance complètement et croiraient que leur conjoint est une personne de bien avec laquelle tout ira bien en fin de compte. Puis, selon ce qu'ils ont cru, leur conjoint deviendrait excellent dans son domaine et aurait du succès dans ce qu'il fait.

La confiance et la foi peuvent être un critère de mesure de la force de l'amour. Par conséquent, croire complètement en Dieu, c'est L'aimer complètement. Abraham, le père de la foi, a été appelé ami de Dieu. Sans aucune hésitation, Abraham a obéi à l'ordre de Dieu qui Lui demandait de faire une offrande de son fils unique Isaac. Il a été en mesure de le faire parce qu'il croyait en Dieu complètement. Dieu a vu cette foi d'Abraham et a reconnu son amour.

Aimer, c'est croire. Ceux qui aiment complètement Dieu, croient également complètement en Lui. Ils croient toutes les paroles de Dieu à 100%. Et parce qu'ils croient toutes choses, ils supportent toutes choses. Pour endurer toutes les choses qui sont en opposition par rapport à l'amour, nous devons croire. A savoir, ce n'est que lorsque nous croyons toutes les paroles de Dieu, que nous pouvons espérer toutes choses et circoncire nos cœurs pour rejeter tout ce qui est contre l'amour.

Bien sûr, dans le sens plus strict, ce n'est pas que nous ayons cru en Dieu parce que nous l'aimions depuis le début. Dieu nous a aimés et en croyant ce fait, nous nous sommes mis à aimer Dieu. Comment Dieu nous a-t-Il aimés ? Il a donné sans compter son Fils unique pour nous, qui étions pécheurs, pour ouvrir la voie de notre salut.

Dans un premier temps, nous arrivons à aimer Dieu en croyant ce fait, mais si nous cultivons l'amour spirituel complètement, nous atteindrons un niveau où nous croyons complètement parce que nous aimons. Cultiver l'amour spirituel complètement implique que nous ayons déjà rejeté toutes les contrevérités du cœur. Si nous n'avons pas de contrevérités dans notre cœur, nous recevrons la foi spirituelle d'en-haut, par laquelle nous pouvons croire du plus profond de notre cœur. Ensuite, nous ne pourrons jamais douter de la Parole de Dieu et notre confiance en Dieu ne pourra jamais être ébranlée. En outre, si nous cultivons l'amour spirituel complètement, nous croirons tout le monde. Ce n'est pas parce que les gens sont dignes de confiance, mais parce que même s'ils sont plein d'iniquités et ont de nombreuses lacunes, nous pouvons les considérer avec les yeux de la foi.

Nous devrions être prêts à croire toutes sortes de personnes. Nous devons également croire en nous-mêmes. Même si nous avons beaucoup de lacunes, nous devons croire en Dieu qui nous changera et nous devons nous considérer nous-mêmes avec les yeux de la foi et croire que nous changerons bientôt. Le Saint-

Esprit répète toujours à notre cœur: «Tu peux le faire. Je t'aiderai.» Si vous croyez en cet amour et confessez: «Je peux bien faire, je peux changer», Dieu agira selon votre confession de foi. Comme il est beau de croire!

Dieu croit également en nous. Il croyait que chacun de nous apprendrait à connaître l'amour de Dieu et accéderait à la voie du salut. Parce qu'Il a considéré chacun d'entre nous avec les yeux de la foi, Il a impitoyablement sacrifié Son Fils unique, Jésus, sur la croix. Dieu croit que même ceux qui ne connaissent pas ou ne croient pas encore dans le Seigneur seront sauvés et se mettront du côté de Dieu. Il croit que ceux qui ont déjà accepté le Seigneur seront changés en des enfants dont la nature ressemble beaucoup à celle de Dieu. Croyons tout type de personne avec cet amour de Dieu.

## 14. L'amour espère tout

On raconte que les mots suivants sont écrits sur l'une des pierres tombales de l'abbaye de Westminster au Royaume-Uni: «Au cours de ma jeunesse, j'ai voulu changer le monde, mais sans succès. A la moitié de ma vie, j'ai essayé de changer ma famille, mais sans succès. Ce n'est que vers ma mort que j'ai réalisé que j'aurais pu changer toutes ces choses si seulement j'avais moi-même changé».

Habituellement, les gens essaient de changer une autre personne quand ils n'aiment pas quelque chose chez cette personne. Mais il est presque impossible de changer les autres. Certains couples mariés se disputent pour des questions aussi triviales que le fait de serrer le tube à dentifrice par le haut ou par le bas. Nous devons d'abord nous changer nous-mêmes avant d'essayer de changer les autres. Et puis, avec amour pour eux, nous pouvons attendre que les autres changent, en espérant vraiment qu'ils vont changer.

Espérer tout, c'est aspirer et s'attendre à ce que tout ce que vous croyez se réalise. A savoir, si nous aimons Dieu, nous croirons chaque Parole de Dieu et nous espérerons que tout sera fait selon Sa Parole. Vous espérez pour les jours où vous partagerez une relation d'amour avec Dieu le Père pour toujours dans le beau royaume céleste. Voilà pourquoi vous pouvez endurer toutes choses dans votre course de la foi. Mais, et s'il n'y avait plus d'espoir?

Ceux qui ne croient pas en Dieu ne peuvent avoir l'espoir du royaume céleste. C'est pourquoi ils ne vivent que selon leurs désirs, car ils n'ont pas d'espoir pour l'avenir. Ils essaient d'accumuler plus de choses et luttent pour satisfaire leur cupidité. Cependant, peu importe combien ils ont et à quel point ils profitent de la vie, ils ne peuvent pas obtenir de vraie satisfaction. Ils vivent leur vie avec une peur de l'avenir.

Par contre, ceux qui croient en Dieu espèrent toutes choses, et ils prennent donc le chemin étroit. Pourquoi disons-nous qu'il s'agit d'un chemin étroit? Parce que ce chemin est étroit aux yeux de ceux qui ne croient pas en Dieu. Lorsque nous acceptons Christ et devenons des enfants de Dieu, nous restons dans l'église toute la journée pour participer à des réunions de Dimanche, sans profiter d'aucune sorte de plaisirs séculiers. Nous travaillons pour le royaume de Dieu de façon bénévole et prions de pouvoir vivre selon la Parole de Dieu. Ces choses sont difficiles à faire sans la foi, voilà pourquoi nous disons qu'il s'agit d'un chemin étroit.

Dans 1 Corinthiens 15:19, l'apôtre Paul déclare: *«Si c'est dans cette vie seulement que nous espérons en Christ, nous sommes les plus malheureux de tous les hommes.»* Du point de vue de la chair, la vie d'endurer et de travailler dur semble lourde. Cependant, si nous espérons tout, ce chemin s'avère être bien plus heureux que l'autre. Si nous sommes avec ceux que nous aimons, nous serons heureux même dans une maison misérable. De plus, penser au fait que nous vivrons avec le Seigneur bien-aimé au Ciel pour toujours, combien heureux nous serons ! Nous sommes surexcités et heureux à cette simple pensée! De cette manière, avec amour véritable, nous attendons inlassablement et espérons jusqu'à ce que tout ce que nous croyons se soit réalisé.

Attendre tout avec impatience avec les yeux de la foi est

vraiment puissant. Par exemple, imagions que l'un de vos enfants s'éloigne du droit chemin et n'étudie plus du tout. Même cet enfant, si vous croyez en lui en lui disant qu'il peut le faire et le considérez avec les yeux de l'espoir en croyant qu'il va changer, pourra changer en un enfant bon à tout moment. La foi des parents dans les enfants stimulera l'amélioration et la confiance en soi des enfants. Ces enfants qui ont confiance en eux-mêmes ont la foi qu'ils peuvent tout faire: ils seront capables de surmonter des difficultés et une telle attitude affecte effectivement leurs notes scolaires.

Cela s'applique également aux âmes dont nous prenons soin à l'église. Dans tous les cas, nous ne devons pas sauter sur des conclusions concernant qui que ce soit. Nous ne devrions pas nous décourager et penser: «Changer semble très difficile pour cette personne» ou «Elle reste pareille». Nous devons considérer chacun avec les yeux de l'espoir qu'ils changeront bientôt et seront touchés par l'amour de Dieu. Nous devons continuer de prier pour les gens et les encourager en disant et en croyant: «Tu peux le faire!»

## 15. L'amour supporte tout

1 Corinthiens 13:7 affirme: *«[L'amour] excuse tout, il croit tout, il espère tout, il supporte tout.»* Si vous aimez, vous pouvez tout supporter. Que signifie donc «supporter»? Lorsque nous supportons toutes choses qui ne sont pas en accord avec l'amour, il y aura des conséquences. Lorsqu'il y a du vent sur un lac ou la mer, il y a des vagues. Même lorsque le vent se calme, il continue d'y avoir des ondulations. Même si nous supportons tout, les épreuves ne s'arrêtent pas lorsque nous les avons supportées. Il y aura des conséquences ou des séquelles.

Par exemple, Jésus dit dans Matthieu 5:39: *«Mais moi, je vous dis de ne pas résister au méchant. Si quelqu'un te frappe sur la joue droite, présente-lui aussi l'autre.»* Selon ce verset, si quelqu'un vous frappe sur la joue droite, ne vous défendez pas, mais supportez-le. Est-ce donc terminé ensuite? Il y aura des séquelles. Vous aurez mal. Votre joue fera mal, mais la douleur du cœur sera la pire douleur. Bien sûr, les gens ont différentes raisons de ressentir de la douleur dans le cœur. Certains ont de la douleur dans le cœur parce qu'ils pensent avoir été frappés sans raison et ils en sont en colère. D'autres, par contre, peuvent avoir de la douleur dans le cœur parce qu'ils regrettent avoir fâché l'autre personne. Certains peuvent se sentir désolés de voir un frère qui ne peut pas garder son sang-froid mais l'exprime physiquement plutôt que d'une manière plus constructive et appropriée.

Les conséquences de supporter quelque chose peuvent également prendre la forme de circonstances externes. Par exemple, quelqu'un vous a frappé sur la joue droite. Vous avez tendu l'autre jour selon la Parole. Puis, il vous frappe aussi sur la joue gauche. Vous avez supporté tout cela en conformité à la Parole mais la situation s'aggrave et semble en réalité devenir pire.

Cela a été le cas pour Daniel. Il n'a pas fait de compromis bien qu'il ait su qu'il pourrait être jeté dans la fosse aux lions. Parce qu'il aimait Dieu, il n'a pas cessé de prier même dans des situations de danger pour sa vie. Par ailleurs, il n'a pas agi avec méchanceté envers ceux qui essayaient de le tuer. Tout a-t-il donc changé pour le mieux comme il supportait tout selon la Parole de Dieu? Non, il a bel et bien été jeté dans la fosse aux lions!

Nous pouvons penser que toutes les épreuves devraient disparaître si nous supportons les choses qui ne sont pas conformes à l'amour. Cependant, pourquoi des épreuves continuent-elles encore? A cause de la providence de Dieu qui veut nous rendre parfaits et nous donner des bénédictions extraordinaires. Les champs donneront des récoltes saines et abondantes en supportant la pluie, le vent et le soleil brûlant. La providence de Dieu est telle que les épreuves font de nous de véritables enfants de Dieu.

## Les épreuves sont des bénédictions

L'ennemi diable et Satan perturbent les vies des enfants de Dieu lorsque ceux-ci essaient de demeurer dans la lumière. Satan essaie toujours de trouver tous les motifs possibles pour accuser les gens et s'ils montrent ne serait-ce que le moindre défaut, il les accuse. Par exemple, lorsque quelqu'un agit mal envers vous et que vous le supportez de l'extérieur, vous pouvez continuer d'avoir des sentiments négatifs à l'intérieur. L'ennemi diable et Satan savent cela et lancent des accusations contre vous à cause de ces sentiments. Puis, Dieu doit autoriser les épreuves en fonction de ces accusations. Jusqu'à ce qu'il soit établi que nous n'avons aucun mal dans le cœur, il y aura des épreuves appelées «épreuves de raffinage». Bien sûr, même après que nous nous sommes débarrassés de tous les péchés et sommes devenus complètement sanctifiés, il peut encore y avoir des épreuves. Ce genre d'épreuves est autorisé pour que nous puissions recevoir de plus grandes bénédictions. Au travers de cela, nous ne restons pas simplement au niveau de ne pas avoir de mal, mais nous cultivons un plus grand amour et une bonté plus parfaite sans taches ni défauts quels qu'ils soient.

Cela ne concerne pas uniquement des bénédictions personnelles: le même principe est d'application lorsque nous essayons d'accomplir le royaume de Dieu. Pour que Dieu manifeste de grandes œuvres, une certaine mesure doit être placée sur la balance de la justice. En montrant une grande foi et des œuvres d'amour, nous pouvons démontrer que nous sommes des vases qui peuvent recevoir la réponse, de sorte que l'ennemi diable ne peut s'y opposer.

Alors, parfois Dieu permet que nous traversions des épreuves. Si nous persévérons rien qu'avec la bonté et l'amour, Dieu nous donnera Sa gloire en une mesure plus grande et avec une victoire plus grande et Il nous donnera de plus grandes récompenses. Et, si vous surmontez des persécutions et des difficultés à cause de nom du Seigneur, vous recevrez particulièrement de grandes bénédictions. «*Heureux serez-vous, lorsqu'on vous outragera, qu'on vous persécutera et qu'on dira faussement de vous toute sorte de mal, à cause de moi. Réjouissez-vous et soyez dans l'allégresse, parce que votre récompense sera grande dans les cieux; car c'est ainsi qu'on a persécuté les prophètes qui ont été avant vous»* (Matthieu 5:11-12).

## Excuser, croire, espérer et supporter toutes choses

Si vous croyez et espérez toutes choses avec amour, vous pouvez surmonter n'importe quelles sortes d'épreuves. Alors, plus spécifiquement, comment sommes-nous censés croire, espérer et supporter toutes choses?

**Premièrement, nous devons croire en l'amour de Dieu jusqu'à la fin, même au sein des épreuves.**

Il est dit dans 1 Pierre 1:7: «*...afin que l'épreuve de votre foi, plus précieuse que l'or périssable (qui cependant est éprouvé par le feu), ait pour résultat la louange, la gloire et l'honneur, lorsque Jésus-Christ apparaîtra.*» Il nous affine pour que nous ayons les qualités requises pour pouvoir profiter de la louange, de la gloire et de l'honneur après nos vies sur cette terre.

En outre, si nous vivons selon la Parole de Dieu complètement sans faire de compromis avec le monde, il pourrait y avoir des occasions où nous ferons face à des épreuves injustes. A chaque fois, nous devons croire que nous recevons l'amour spécial de Dieu. Ensuite, plutôt que de nous décourager, nous serons reconnaissants parce que Dieu nous conduit vers de plus beaux lieux d'habitation dans le Ciel. De plus, nous pouvons croire dans l'amour de Dieu, et nous devons continuer de croire jusqu'à la fin. Il se peut que nous traversions des douleurs au cours d'épreuves de foi.

Si la douleur est intense et continue pendant longtemps, nous pourrions penser: «Pourquoi Dieu ne m'aide-t-Il pas? Ne m'aime-t-Il plus?» Cependant, dans ces moments, nous devons nous rappeler l'amour de Dieu plus clairement et supporter les épreuves. Il nous faut croire que Dieu le Père veut nous conduire vers de plus beaux lieux d'habitation dans les lieux célestes parce qu'Il nous aime. Si nous persévérons jusqu'à la fin, nous deviendrons enfin des enfants de Dieu parfaits. *«Mais il faut que la patience accomplisse parfaitement son œuvre, afin que vous soyez parfaits et accomplis, sans faillir en rien»* (Jacques 1:4).

**Deuxièmement, pour supporter toutes choses, nous devons croire que les épreuves sont un raccourci pour réaliser nos espoirs.**

Dans Romains 5:3-4, il est écrit: *«Bien plus, nous nous glorifions même des afflictions, sachant que l'affliction produit la persévérance, la persévérance la victoire dans l'épreuve, et cette victoire l'espérance.»* Ici, la tribulation peut être assimilée à un raccourci pour l'accomplissement de nos espoirs. Peut-être pensez-vous: «Oh, mais quand pourrai-je changer?», mais si vous endurez et continuez de changer encore et encore, vous deviendrez petit à petit un véritable et parfait enfant de Dieu à Sa ressemblance.

C'est pourquoi, lorsque les épreuves surviennent, ne les évitez pas mais essayez de les traverser en faisant de votre mieux. Bien entendu, la loi de la nature humaine et les désirs humains naturels nous poussent à vouloir emprunter le chemin le plus facile. Pourtant, si nous essayons d'échapper aux épreuves, notre cheminement n'en sera que plus long. Par exemple, imaginons qu'une personne nous cause constamment et en toutes situations des problèmes. On ne veut pas le montrer ouvertement, mais on se sent intérieurement mal à l'aise à chaque fois que l'on voit cette personne. Du coup, on essaie de l'éviter. Dans cette situation, il voudrait mieux ne pas essayer d'ignorer la situation mais la surmonter de façon active. Il vous faudra supporter les difficultés que vous avez avec cette personne et cultiver un cœur qui comprend et pardonne véritablement cette personne. Puis, Dieu vous donnera la grâce qui vous permettra de changer. De même, chacune des épreuves devient la pierre de gué et le raccourci dans votre cheminement vers l'accomplissement de vos espoirs.

**Troisièmement, pour supporter toutes choses, nous ne devons faire que le bien.**

Lorsqu'ils font face à des séquelles, même après avoir tout enduré selon la Parole de Dieu, les gens se plaignent généralement de Dieu. Ils se plaignent en disant: «Pourquoi la situation ne change-t-elle pas même après que j'ai mis en pratique la Parole?» Toutes les épreuves de la foi sont l'œuvre de l'ennemi diable et Satan. A savoir, les tests et les épreuves sont des batailles entre le bien et le mal.

Pour remporter la victoire dans ce combat spirituel, nous devons nous battre selon les règles du monde spirituel. La loi du monde spirituel stipule qu'à la fin, c'est la bonté qui gagne. Il est écrit dans Romains 12:21: *«Ne te laisse pas vaincre par le mal, mais surmonte le mal par le bien.»* Si nous agissons avec bonté de cette façon, on pourrait avoir l'impression de subir des pertes et de ne pas gagner, mais, en fait, c'est tout le contraire. En effet, le Dieu juste et bon contrôle tous les bonheurs, malheurs, la vie et la mort des êtres humains. C'est pourquoi, lorsque nous faisons face à des tests, des épreuves et des persécutions, nous devons agir seulement dans la bonté.

Dans certains cas, des croyants font face à des persécutions de la part de membres non-croyants de leur famille. Dans ces cas, les croyants peuvent penser: «Pourquoi mon mari est-il si méchant? Pourquoi ma femme est-elle si méchante?» Cependant, en pensant comme cela, le test augmente en intensité et en durée. Que serait une attitude de bonté dans ce genre de situation? Il faut prier avec amour et les servir dans le Seigneur. Il faut devenir la lumière qui brille de façon étincelante dans votre famille.

Si vous ne faites que le bien envers eux, Dieu fera Son travail au moment le plus approprié. Il chassera l'ennemi diable et Satan et touchera également le cœur des membres de votre famille. Tous les problèmes seront résolus lorsque vous agirez avec bonté selon les règles de Dieu. L'arme la plus puissante du combat spirituel n'est pas la puissance ou la sagesse des hommes, mais la bonté de Dieu. C'est pourquoi, supportons toutes choses uniquement avec bonté et faisons le bien.

Y a-t-il l'un de vos proches qui est très difficile d'être avec et difficile de supporter? Certaines personnes font des erreurs tout le temps, causent des dommages et donnent du mal aux autres. Certains se plaignent beaucoup et deviennent même maussades pour de petites choses. Cependant, si vous cultivez le véritable amour en vous, il n'y aura personne que vous ne pourrez pas supporter. En effet, vous aimerez les autres comme vous-même, juste comme Jésus nous a demandé d'aimer nos prochains comme nous-mêmes (Matthieu 22:39). Dieu le Père nous comprend également et nous supporte comme cela. Jusqu'à ce que vous ayez cultivé cet amour en vous, vous devriez vivre comme une huître perlière. Lorsqu'un objet étranger, comme du sable, des algues ou des particules de coquillage se coincent entre sa coquille et son corps, l'huître perlière les change en des perles précieuses! Ainsi, si nous cultivons l'amour spirituel, nous passerons par la porte de perles et entrerons dans la Nouvelle Jérusalem où se trouve le trône de Dieu.

Imaginez simplement le moment où vous passerez par les portes de perles et vous souviendrez de votre passé sur cette terre. Nous devrions pouvoir confesser à Dieu le Père: «Merci d'avoir supporté, cru, espéré et enduré toutes choses pour moi», car Il aura façonné nos cœurs pour les rendre aussi beaux que les perles.

| Caractéristiques de l'amour spirituel III | 12. Il excuse tout |
| --- | --- |
| | 13. Il croit tout |
| | 14. Il espère tout |
| | 15. Il supporte tout |

CHAPITRE 3 — *L'amour parfait*

# L'amour parfait

*« L'amour ne périt jamais. Les prophéties seront abolies,*
*les langues cesseront, la connaissance sera abolie. Car nous*
*connaissons en partie, et nous prophétisons en partie,*
*mais quand ce qui est parfait sera venu,*
*ce qui est partiel sera aboli.*
*Lorsque j'étais enfant, je parlais comme un enfant,*
*je pensais comme un enfant, je raisonnais comme un enfant;*
*lorsque je suis devenu homme, j'ai mis de côté ce qui était de l'enfant.*
*Aujourd'hui nous voyons au moyen d'un miroir,*
*d'une manière obscure, mais alors nous verrons face à face;*
*aujourd'hui je connais en partie, mais alors je connaîtrai comme j'ai*
*été connu. Maintenant donc ces trois choses demeurent:*
*la foi, l'espérance, l'amour; mais la plus grande de ces choses,*
*c'est l'amour. »*
1 Corinthiens 13:8-13

Quand vous irez au Ciel, si vous pouviez prendre une chose avec vous, que voudriez-vous prendre? De l'or? Des diamants? De l'argent? Ces choses sont toutes inutiles au Ciel. Au Ciel, les rues sur lesquelles on marche sont pavées d'or pur. Ce que Dieu le Père a préparé pour les lieux d'habitation célestes est vraiment beau et précieux. Dieu connaît nos cœurs et prépare les meilleures choses en y mettant tous ses efforts. Toutefois, il y a une chose que nous pouvons prendre de cette terre et qui aura également de la valeur au Ciel. Il s'agit de l'amour, qui est cultivé dans nos cœurs durant notre vie dans ce monde.

## L'amour est également nécessaire dans le Ciel

Lorsque la culture humaine sera terminée et que nous serons dans le royaume des cieux, toutes les choses de cette terre disparaîtront (Apocalypse 21:1). Le Psaume 103:15 dit: *«L'homme! ses jours sont comme l'herbe, il fleurit comme la fleur des champs.»* Même les choses intangibles comme la richesse, la popularité et l'autorité disparaîtront. Tous les péchés et toutes les ténèbres, comme la haine, les querelles, l'envie et la jalousie disparaîtront.

Cependant, 1 Corinthiens 13:8-10 déclare: *«L'amour ne périt jamais. Les prophéties seront abolies, les langues cesseront, la connaissance sera abolie. Car nous connaissons en partie, et nous prophétisons en partie, mais quand ce qui est parfait sera venu, ce qui est partiel sera aboli.»*

Les dons de prophétie, de langues et la connaissance en Dieu sont toutes des choses spirituelles, alors pourquoi disparaîtrontelles? Le Ciel se trouve dans le monde spirituel et est un endroit parfait. Dans le ciel, nous saurons tout clairement. Même si nous communiquons clairement avec Dieu et prophétisons, cela reste encore bien différent du fait de comprendre toutes choses dans le royaume céleste à venir. De plus, nous comprendrons clairement le cœur de Dieu le Père et du Seigneur, de sorte que les prophéties ne seront plus nécessaires.

Cela est également vrai des langues. Ici, le terme «langues» se réfère au fait de parler en différentes langues. Nous avons à présent beaucoup de langues différentes sur cette terre, donc pour parler à d'autres qui parlent d'autres langues, nous devons apprendre leur langue. A cause de différences culturelles, il nous faut beaucoup de temps et d'efforts pour partager nos cœurs et nos pensées. Même quand nous parlons la même langue, nous ne pouvons pas comprendre complètement le cœur et les pensées des autres personnes. Même si nous parlons couramment et de façon élaborée, il n'est pas facile de transmettre notre cœur et nos pensées à 100%. Nous pouvons même avoir des malentendus et des querelles à cause de mots. Il y a également beaucoup d'erreurs dans les mots.

Cependant, si nous allons au Ciel, nous n'aurons pas besoin de nous inquiéter de ces choses. Il n'y a qu'une seule langue au Ciel. Il n'y aura donc pas besoin de se tracasser de ne pas comprendre les autres. Etant donné que le cœur de bonté est transmis tel quel, il n'y aura ni malentendus ni préjugés.

Cela est également vrai de la connaissance. Ici, le terme «connaissance» se réfère à la connaissance de la Parole de Dieu. Lorsque nous vivons sur cette terre, nous apprenons diligemment la Parole de Dieu. Au travers des 66 livres de la Bible, nous apprenons comment être sauvés et obtenir la vie éternelle. Nous apprenons la volonté de Dieu, mais il ne s'agit que d'une partie de la volonté de Dieu, concernant ce que nous devons faire pour aller au Ciel.

Par exemple, nous entendons, apprenons et mettons en pratique des paroles telles que «aimez-vous les uns les autres», «ne soyez pas envieux, ne soyez pas jaloux», etc. Dans le Ciel, il n'y a que l'amour et, donc, nous n'aurons pas besoin de ce type de connaissance là-bas. Bien qu'il s'agisse de choses spirituelles, à la fin même les prophéties, les langues différentes et toute la connaissance disparaîtront. Cela parce que ces choses ne sont nécessaires que temporairement, dans ce monde physique.

C'est pourquoi, il est important de connaître la Parole de vérité et de connaître ce qui concerne le Ciel, mais il est encore plus important de cultiver l'amour. Dans la mesure où nous circoncisons nos cœurs et cultivons l'amour, nous pourrons nous rendre dans de meilleurs lieux d'habitation célestes.

## L'amour est éternellement précieux

N'oubliez pas le temps de votre premier amour. Combien vous étiez heureux! Nous disons que l'amour est aveugle, et si nous aimons vraiment quelqu'un, nous ne verrons que de bonnes choses chez cette personne et tout dans le monde semblera beau. Les rayons du soleil semblent encore plus brillants que jamais et on a l'impression de pouvoir même sentir l'odeur de l'air. Des rapports de laboratoire indiquent que les parties du cerveau qui contrôlent les pensées négatives et critiques sont moins actives chez les personnes amoureuses. De la même façon, si vous êtes rempli d'amour pour Dieu dans votre cœur, vous serez rempli de joie même si vous n'avez rien à manger. Au Ciel, ce type de joie dure éternellement.

Notre vie sur cette terre ressemble à la vie d'un enfant en comparaison à la vie que nous aurons au Ciel. Un bébé qui commence à peine à parler peut dire quelques mots faciles comme «maman» et «papa». Il ne peut pas exprimer beaucoup de concepts correctement et de façon détaillée. De plus, les enfants ne peuvent pas comprendre les choses complexes du monde des adultes. Les enfants parlent, comprennent et pensent selon leurs connaissances et leurs capacités d'enfants. Ils n'ont pas une notion bien établie de la valeur de l'argent, et si on leur propose une pièce ou un billet, ils choisissent naturellement la pièce. Ils savent, en effet, que les pièces ont de la valeur parce qu'ils les ont utilisées pour acheter des bonbons ou des sucettes glacées, mais ils ne connaissent pas la valeur des billets.

Cela ressemble à notre entendement du Ciel pendant que nous sommes ici sur terre. Nous savons que le Ciel est un endroit merveilleux, mais il est difficile d'exprimer à quel point il l'est. Dans le royaume des cieux, il n'y a pas de limites, la beauté peut donc être exprimée dans toute sa mesure. Lorsque nous serons au Ciel, nous pourrons comprendre le royaume illimité et mystérieux des cieux et les principes selon lesquels tout fonctionne. Cela est affirmé dans 1 Corinthiens 13:11: *«Lorsque j'étais enfant, je parlais comme un enfant, je pensais comme un enfant, je raisonnais comme un enfant; lorsque je suis devenu homme, j'ai mis de côté ce qui était de l'enfant.»*

Dans le royaume céleste, il n'y a ni ténèbres, ni soucis, ni angoisses. Seules la bonté et l'amour existent. Nous pouvons donc exprimer notre amour et nous servir les uns les autres tant que nous le voulons. Ainsi, le monde physique et le monde spirituel sont complètement différents. Bien sûr, même sur cette terre, il y a une grande différence dans la compréhension et les pensées des gens selon la mesure de foi de chacun.

Dans 1 Jean chapitre 2, les niveaux de foi sont assimilés à de petits enfants, des enfants, des jeunes hommes et des pères. Ceux qui ont le niveau de foi de petits enfants ou d'enfants sont comme des enfants en esprit. Ils ne peuvent pas réellement comprendre les choses spirituelles profondes. Ils ont peu de force pour mettre en pratique la Parole. Cependant, lorsqu'ils deviennent des jeunes hommes, puis des pères, leurs paroles, leurs pensées et leurs actions changent. Ils ont plus de capacité pour mettre en pratique la Parole de Dieu, et ils peuvent gagner des batailles contre la puissance des ténèbres. Toutefois, même si nous sommes arrivés au niveau de foi de pères sur cette terre, nous pouvons considérer que nous sommes comme des enfants en comparaison au moment où nous entrerons dans le royaume céleste.

## Nous ressentirons l'amour parfait

L'enfance est une période de préparation pour devenir un adulte et, de même, la vie sur cette terre est le temps de préparation pour la vie éternelle. Par ailleurs, ce monde est comme une ombre en comparaison au royaume éternel des cieux, et il passe rapidement. L'ombre n'est pas l'objet en soi. Autrement dit, ce n'est pas réel. Ce n'est qu'une silhouette qui prend la forme de l'original.

Le roi David bénit l'Eternel aux yeux de toute l'assemblée et affirme: *«Nous sommes devant toi des étrangers et des habitants, comme tous nos pères; nos jours sur la terre sont comme l'ombre, et il n'y a point d'espérance»* (1 Chroniques 29:15).

Lorsque nous observons l'ombre de quelque chose, nous pouvons discerner les traits généraux de l'objet. Le monde physique ressemble à une ombre qui nous donne une brève idée du monde éternel. Lorsque l'ombre, qui est la vie sur cette terre, disparaîtra, l'entité réelle sera clairement révélée. A présent, nous ne connaissons que vaguement et confusément concernant le monde spirituel, comme si nous regardions dans un miroir. Cependant, lorsque nous serons dans le royaume céleste, nous comprendrons aussi clairement que lorsque nous voyons face à face.

Il est dit dans 1 Corinthiens 13:12: *«Aujourd'hui nous voyons au moyen d'un miroir, d'une manière obscure, mais alors nous verrons face à face; aujourd'hui je connais en partie, mais alors je connaîtrai comme j'ai été connu.»* L'apôtre Paul a écrit ce chapitre sur l'amour il y a environ 2.000 ans. Les miroirs de l'époque ne donnaient pas une image aussi nette que les miroirs actuels. En effet, ils n'étaient pas fabriqués en verre. De l'argent, du bronze ou du métal étaient fondus puis polis pour réfléchir la lumière. Les miroirs donnaient donc une image floue. Bien sûr, certaines personnes voient et ressentent le royaume des cieux de façon bien plus vive car leurs yeux spirituels sont ouverts. Cependant, nous ne pouvons ressentir que vaguement la beauté et le bonheur du Ciel.

Lorsque plus tard nous entrerons dans le royaume des cieux, nous verrons clairement tous les détails du royaume et le ressentirons directement. Nous découvrirons la grandeur, la puissance et la beauté de Dieu que les mots ne peuvent décrire.

## De la foi, l'espérance et l'amour, l'amour est le plus grand

La foi et l'espérance sont très importantes pour que notre foi grandisse. Nous ne pouvons être sauvés et aller au ciel qu'en ayant la foi. Nous ne pouvons devenir des enfants de Dieu que par la foi. Comme nous ne pouvons gagner le salut, la vie éternelle et le royaume céleste que par la foi, celle-ci est vraiment très précieuse. Le trésor de tous les trésors est la foi: elle est la clé pour recevoir des réponses à nos prières.

Qu'en est-il de l'espérance? L'espérance également est précieuse, nous nous emparons de meilleurs lieux d'habitation du Ciel en ayant l'espérance. Donc, si nous avons la foi, nous aurons naturellement l'espérance aussi. Si nous croyons effectivement en Dieu, au Ciel et à l'Enfer, nous aurons l'espérance du Ciel. De plus, si nous avons l'espérance du Ciel, nous essayerons de devenir sanctifiés et nous travaillerons fidèlement pour le royaume de Dieu. La foi et l'espérance sont essentielles jusqu'à ce que nous arrivions au royaume céleste. Pourtant, 1 Corinthiens 13:12 affirme que l'amour est le plus grand, mais pourquoi?

Premièrement, la foi et l'espérance ne sont nécessaires que durant nos vies sur cette terre, et seul l'amour spirituel demeure dans le royaume des cieux.

Au Ciel, nous n'aurons plus besoin de croire quoi que ce soit sans voir ou espérer quoi que ce soit parce que tout sera là, devant nos yeux. Supposons qu'il y ait une personne que vous aimiez beaucoup et que vous ne la voyiez pas pendant une semaine ou, pire, pendant dix ans. Quelle émotion profonde et intense en se rencontrant à nouveau après dix ans. Au moment où nous rencontrerons cette personne que nous n'avons pas vue pendant dix ans, nous manquera-t-elle encore ?

Il en va de même pour notre vie chrétienne. Si nous avons réellement la foi et aimons Dieu, nous aurons une espérance grandissante au fur et à mesure que le temps passe et que notre foi grandit. Le Seigneur nous manquera de plus à plus au fur et à mesure que les jours passeront. Ceux qui ont l'espérance du Ciel de cette façon ne diront pas que c'est difficile même s'ils empruntent le chemin étroit sur cette terre, et ils ne seront pas distraits par quelque tentation. Lorsque nous atteindrons notre destination finale, le royaume céleste, nous n'aurons plus besoin de foi et d'espérance. Cependant, l'amour demeure pour toujours au Ciel, et c'est pourquoi la Bible dit que l'amour est le plus grand.

Deuxièmement, nous pouvons atteindre le Ciel par la foi mais, sans amour, nous ne pouvons entrer dans le plus beau des lieux d'habitation, la Nouvelle Jérusalem.

Nous pouvons nous emparer avec force du royaume céleste dans la mesure où nous agissons avec foi et espérance. Dans la mesure où nous vivons selon la Parole de Dieu, rejetons le péché et cultivons un cœur beau, nous recevrons la foi spirituelle et, selon la mesure de cette foi spirituelle, nous recevrons différents lieux de séjour au Ciel: le Paradis, le Premier Royaume des Cieux, le Second Royaume des Cieux, le Troisième Royaume des Cieux et la Nouvelle Jérusalem.

Le Paradis est pour ceux qui ont à peine assez de foi pour être sauvés en acceptant Jésus-Christ. Cela veut dire qu'ils n'ont rien fait pour le royaume de Dieu. Le Premier Royaume des Cieux est pour ceux qui ont essayé de vivre selon la Parole de Dieu après avoir accepté Jésus-Christ. C'est un endroit beaucoup plus beau que le Paradis. Le Second Royaume des Cieux est pour ceux qui ont vécu selon la Parole de Dieu avec amour pour Dieu et ont été fidèles au royaume de Dieu. Le Troisième Royaume des Cieux est pour ceux qui sont animés de l'amour le plus intense pour Dieu, ont rejeté le mal sous toutes ses formes et sont devenus sanctifiés. La Nouvelle Jérusalem est pour ceux qui possèdent une foi agréable à Dieu et ont été fidèles dans toute la maison de Dieu.

La Nouvelle Jérusalem est un lieu d'habitation céleste donné aux enfants de Dieu qui ont cultivé l'amour parfait avec foi, qui est un amour modèle. En fait, seul Jésus-Christ, le fils unique de Dieu, possède les qualités requises pour entrer dans la Nouvelle Jérusalem. Cependant, en tant que créatures, nous pouvons également nous qualifier pour entrer si nous sommes justifiés par le précieux sang de Jésus-Christ et possédons la foi parfaite.

Pour ressembler au Seigneur et demeurer dans la Nouvelle Jérusalem, nous devons suivre le chemin que le Seigneur a pris. Il s'agit du chemin de l'amour. Ce n'est qu'avec cet amour que nous pouvons porter les neuf fruits du Saint-Esprit et des Béatitudes pour être dignes de véritables enfants de Dieu qui ont le caractère du Seigneur. Lorsque que nous aurons les qualifications pour être de véritables enfants de Dieu, nous recevrons tout ce que nous demandons sur cette terre et nous aurons le privilège de pouvoir marcher pour toujours avec le Seigneur au Ciel. Par conséquent, nous pouvons aller au Ciel quand nous avons la foi et nous pouvons rejeter le péché quand nous avons l'espérance. C'est pourquoi la foi et l'espérance sont certainement nécessaires, mais l'amour est le plus grand car nous ne pouvons entrer dans la Nouvelle Jérusalem qu'en ayant l'amour.

«Ne devez rien à personne, si ce n'est de vous aimer les uns les autres; car celui qui aime les autres a accompli la loi. En effet, les commandements: Tu ne commettras point d'adultère, tu ne tueras point, tu ne déroberas point, tu ne convoiteras point, et ceux qu'il peut encore y avoir, se résument dans cette parole: Tu aimeras ton prochain comme toi-même. L'amour ne fait point de mal au prochain: l'amour est donc l'accomplissement de la loi.»

Romains 13:8-10

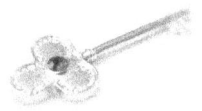

# Partie 3
# L'amour est l'accomplissement de la loi

Chapitre 1 : L'amour de Dieu

Chapitre 2 : L'amour de Christ

CHAPITRE 1 — L'amour de Dieu

# L'amour de Dieu

*«Et nous, nous avons connu l'amour que Dieu a pour nous, et nous y avons cru. Dieu est amour; et celui qui demeure dans l'amour demeure en Dieu, et Dieu demeure en lui.»*
1 Jean 4:16

En travaillant avec les Indiens Quechua, Elliot a commencé à préparer le terrain pour atteindre la tribu indienne Huaorani, réputée pour sa violence. Avec quatre autres missionnaires, Ed McCully, Roger Youderian, Peter Fleming et leur pilote, Nate Saint, ils sont entrés en contact depuis leur avion avec les indiens Huaorani, à l'aide d'un haut-parleur et d'un panier pour transmettre des cadeaux. Après plusieurs mois, les hommes ont décidé de construire une base à une courte distance de la tribu indienne, le long de la rivière Curaray. Là, ils ont été à plusieurs reprises approchés par de petits groupes d'indiens Huaorani, et ont même offert un baptême de l'air à un Huaorani curieux qu'ils appelaient «George» (son vrai nom était Naenkiwi). Encouragés par ces rencontres amicales, ils ont élaborés des plans pour visiter les Huaorani mais leurs plans ont été avortés par l'arrivée d'un plus grand groupe d'Huaorani qui ont tué Elliot et ses quatre compagnons le 8 Janvier 1956. Le corps mutilé d'Elliot a été retrouvé en aval, ainsi que ceux des autres hommes, mis à part celui d'Ed McCully.

Elliot et ses amis ont été instantanément connus dans le monde entier comme étant des martyrs et Life Magazine a publié un article de 10 pages sur leur mission et leur décès. Ils ont déclenché un intérêt pour la mission chrétienne parmi les jeunes de leur époque et ils sont toujours aujourd'hui considérés comme un encouragement pour les missionnaires chrétiens qui travaillent dans le monde entier. A la mort de son mari, Elisabeth Elliot et d'autres missionnaires ont commencé une œuvre parmi les indiens Auca où ils ont eu un impact fort avec de nombreuses conversions. Beaucoup d'âmes ont été gagnées par l'amour de Dieu.

*«Ne devez rien à personne, si ce n'est de vous aimer les uns les autres; car celui qui aime les autres a accompli la loi. En effet, les commandements: Tu ne commettras point d'adultère, tu ne tueras point, tu ne déroberas point, tu ne convoiteras point, et ceux qu'il peut encore y avoir, se résument dans cette parole: Tu aimeras ton prochain comme toi-même. L'amour ne fait point de mal au prochain: l'amour est donc l'accomplissement de la loi»* (Romains 13:8-10).

Le plus haut niveau d'amour parmi tous les types d'amour est l'amour de Dieu envers nous. La création de toutes choses et des êtres humains découle également de l'amour de Dieu.

## Dieu a créé toutes choses, y compris les êtres humains, par Son amour

Au commencement, Dieu hébergeait l'espace vaste de l'univers en Lui-même. Cet univers est différent de l'univers que nous connaissons aujourd'hui. Il s'agit d'un espace qui n'a ni commencement ni fin, ni aucune limite. Tout se fait selon la volonté de Dieu et ce qu'Il projette dans Son cœur. Si Dieu peut faire et avoir tout ce qu'Il veut, pourquoi a-t-Il créé les êtres humains?

Il a voulu de vrais enfants avec lesquels Il pourrait partager la beauté de Son monde qui Le réjouissait. Il a voulu partager l'espace où tout se fait comme Il le veut. C'est un peu comme l'esprit humain: nous voulons partager ouvertement toutes les bonnes choses avec les personnes que nous aimons. Avec cet espoir, Dieu a planifié la culture humaine pour obtenir de véritables enfants.

Tout d'abord, il a divisé l'univers en un monde physique et un monde spirituel et a créé l'armée céleste, les anges et d'autres êtres spirituels, ainsi que toutes les choses nécessaires au monde spirituel. Il a créé un espace pour Lui d'habiter, un royaume des cieux où Ses véritables enfants habiteraient et un espace pour les êtres humains de passer par la culture humaine. Après qu'une période de temps incommensurable s'est écoulée, Il a créé la terre dans le monde physique, avec le soleil, la lune et les étoiles, et l'environnement naturel, tous étant des choses nécessaires à la vie humaine.

D'innombrables êtres spirituels se trouvent autour de Dieu, tels que les anges par exemple, mais ils Lui obéissent inconditionnellement, un peu comme des robots. Ce ne sont pas des êtres avec lesquels Dieu peut partager Son amour. C'est pourquoi Dieu a créé les êtres humains à Son image pour avoir de vrais enfants avec lesquels Il pourrait partager Son amour. S'il était possible d'avoir des robots avec de beaux visages qui agiraient exactement comme on le voulait, pourraient-ils remplacer nos propres enfants ? Même quand nos enfants n'écoutent pas de temps en temps, ils restent bien plus intéressants que ces robots car ils peuvent ressentir notre amour et exprimer leur amour en retour. Cela est également vrai de Dieu. Il voulait de vrais enfants avec lesquels Il pourrait échanger Son cœur. C'est avec cet amour que Dieu a créé le premier être humain: Adam.

Après avoir créé Adam, Il a mis un jardin dans un lieu appelé Eden vers l'Est où Il a amené Adam. Le Jardin d'Eden a été donné à cause de la considération de Dieu pour Adam. C'est un endroit mystérieusement magnifique où les fleurs et les arbres poussent très bien et où de beaux animaux se promènent. Il y a partout une abondance de fruits. Il y a des brises qui sentent douces comme la soie et l'herbe émet des sons semblables à des chuchotements. L'eau scintille comme des pierres précieuses avec les réflexions de la lumière. Même la plus grande imagination humaine ne peut complètement exprimer la beauté de cet endroit.

Dieu a également donné à Adam une aide qui s'appelait Eve. Ce n'est pas tellement qu'Adam lui-même se soit senti seul. Dieu comprenait d'avance le cœur d'Adam car Dieu avait été seul pendant un temps si long. Dans les meilleures conditions de vie données par Dieu, Adam et Eve ont marché avec Dieu et, pendant un très, très long temps, ils ont joui d'une grande autorité en tant que seigneurs de toutes créatures.

## Dieu cultive des êtres humains pour en faire Ses vrais enfants

Cependant, il manquait une chose à Adam et Eve pour qu'ils puissent être de véritables enfants de Dieu. Bien que Dieu leur ait donné Son amour dans sa plénitude, ils ne pouvaient pas réellement ressentir l'amour de Dieu. Ils jouissaient de tout ce qui avait été donné par Dieu, mais ils ne gagnaient rien pas leurs efforts. Ils ne comprenaient donc pas à quel point l'amour de Dieu était précieux et ils n'appréciaient pas ce qui leur était donné. En outre, ils n'ont jamais connu la mort ou le malheur et ne connaissaient pas la vraie valeur de la vie. Ils n'ont jamais fait l'expérience de la haine, de sorte qu'ils ne comprenaient pas la vraie valeur de l'amour. Même s'ils en avaient entendu parler et le connaissaient intellectuellement, ils ne pouvaient ressentir le véritable amour dans leur cœur car ils n'avaient jamais fait d'expérience de première main.

Telle est la raison pour laquelle Adam et Eve ont mangé de l'arbre de la connaissance du bien et du mal. Dieu avait dit: *«... car le jour où tu en mangeras, tu mourras certainement»*, mais ils ne connaissaient pas le sens véritable de la mort (Genèse 2:17). Dieu ne savait-Il pas qu'ils allaient manger de l'arbre de la connaissance du bien et du mal? Il le savait. Il le savait mais Il a néanmoins donné à Adam et Eve le libre arbitre pour faire le choix de l'obéissance. C'est là que réside la providence de la culture humaine.

Par la culture humaine, Dieu voulait que toute l'humanité connaisse les larmes, le chagrin, la souffrance, la mort, etc., de sorte que quand ils iraient au Ciel, plus tard, les êtres humains puissent vraiment ressentir à quel point les choses célestes sont précieuses et de grande valeur et être en mesure de jouir du bonheur véritable. Dieu voulait partager Son amour avec eux pour toujours au Ciel qui est, au-delà de toute mesure, plus beau que même le Jardin d'Eden.

Après qu'Adam et Eve ont désobéi à la Parole de Dieu, ils n'ont plus pu vivre dans le Jardin d'Eden. Et, comme Adam a également perdu son autorité de seigneur de toutes créatures, tous les animaux et les plantes ont également été maudits. La terre, jadis d'abondance et de beauté, était dorénavant maudite. Elle produisait à présent des épines et des chardons et les hommes ne pouvaient récolter quoi que ce soit sans travailler à la sueur de leur front.

Bien qu'Adam et Eve aient désobéi à Dieu, Il a néanmoins

fabriqué des vêtements de peau pour eux et Il les en a revêtus car ils allaient devoir vivre dans un environnement complètement différent (Genèse 3:21). Le cœur de Dieu doit avoir été consumé comme celui des parents qui doivent envoyer leurs enfants à l'écart pendant un certain temps pour qu'ils se préparent pour l'avenir. Malgré cet amour de Dieu, peu de temps après le commencement de la culture humaine, les êtres humains étaient tâchés par le péché et se sont rapidement distancés par rapport à Dieu.

Romains 1:21-23 déclare: *«car ayant connu Dieu, ils ne l'ont point glorifié comme Dieu, et ne lui ont point rendu grâces; mais ils se sont égarés dans leurs pensées, et leur cœur sans intelligence a été plongé dans les ténèbres. Se vantant d'être sages, ils sont devenus fous; et ils ont changé la gloire du Dieu incorruptible en images représentant l'homme corruptible, des oiseaux, des quadrupèdes, et des reptiles.»*

Pour cette humanité pécheresse, Dieu a montré sa providence et Son amour au travers du peuple élu, Israël. D'une part, lorsque les enfants d'Israël vivaient par la Parole de Dieu, Il manifestait des signes et des prodiges et leur accordait de grandes bénédictions. D'autre part, lorsqu'ils se détournaient de Dieu, adoraient des idoles et commettaient des péchés, Dieu envoyait de nombreux prophètes pour communiquer Son amour.

L'un de ces prophètes, Osée, était actif durant une période sombre suivant la scission d'Israël en deux: Israël au nord et Juda au sud.

Un jour, Dieu a donné un ordre spécial à Osée: *«La première fois que l'Eternel adressa la parole à Osée, l'Eternel dit à Osée: Va, prends une femme prostituée et des enfants de prostitution;*

*car le pays se prostitue, il abandonne l'Eternel!»* (Osée 1:2). Il était impensable qu'un prophète pieux épouse une femme de prostitution. Bien qu'il n'ait pas pu entièrement comprendre l'intention de Dieu, Osée a obéi à Sa Parole et a pris une femme du nom de Gomer pour qu'elle soit sa femme.

Ils ont eu trois enfants, puis Gomer est allée vers un autre homme en suivant sa luxure. Néanmoins, Dieu dit à Osée d'aimer sa femme (Osée 3:1). Osée l'a cherchée et l'a achetée pour lui-même pour quinze sicles d'argent et un homer et demi d'orge.

L'amour qu'Osée a donné à Gomer symbolise l'amour de Dieu pour nous. Et Gomer, la prostituée, symbolise tous les êtres humains souillés par le péché. Tout comme Osée a pris une prostituée pour femme, Dieu a aimé le premier ceux d'entre nous qui ont été tachés par le péché de ce monde.

Il a montré Son amour infini, dans l'espoir que tout le monde se détournerait du chemin de la mort pour devenir Son enfant. Même s'ils s'étaient lié d'amitié au monde et s'étaient distancés par rapport à Dieu pendant un temps, Il n'a jamais dit: «Tu M'as abandonné et je ne peux pas t'accueillir à nouveau.» Il veut uniquement que chacun retourne vers Lui et Il le fait d'un cœur plus ardent que les parents qui attendent le retour de leurs enfants qui sont partis de la maison.

## Dieu avait préparé Jésus-Christ depuis l'aube des temps

La parabole de l'enfant prodigue de Luc 15 nous montre clairement le cœur de Dieu le Père. Le second fils qui profitait d'une vie d'abondance en tant qu'enfant n'était pas reconnaissant pour son père dans son cœur et ne comprenait pas la valeur du genre de vie qu'il avait. Un jour, il a demandé à l'avance l'argent de son héritage. Il s'agissait d'un enfant gâté typique qui demandait l'argent de son héritage alors que son père était encore en vie.

Le père ne pouvait pas arrêter son fils car son fils ne comprenait pas du tout le cœur des parents, et il a fini par donner à son fils l'argent de l'héritage. Le fils était alors heureux et il est parti en voyage. C'est alors qu'a commencé la souffrance du père. Il était inquiet à mort, se disant: «Et s'il se blesse? Et s'il rencontre des gens méchants?» Le père ne pouvait même plus dormir tant il s'inquiétait pour son fils, observant l'horizon dans l'espoir de voir son fils revenir.

Bien vite, le fils avait dépensé tout son argent et les gens se sont mis à le maltraiter. Il s'est retrouvé dans une situation telle qu'il a voulu assouvir sa faim avec les gousses que mangeaient les cochons mais personne ne lui en donnait. C'est alors qu'il s'est souvenu de la maison de son père. Il est retourné à la maison mais il était tellement honteux qu'il n'a même pas levé la tête. Cependant, le père a couru vers lui et l'a embrassé. Le père ne lui a rien reproché du tout mais il était tellement heureux qu'il lui a mis les meilleurs vêtements et a tué un veau pour organiser une fête en son honneur. Tel est l'amour de Dieu.

L'amour de Dieu n'est pas donné à quelques personnes spéciales à certains moments spéciaux. Il est écrit dans 1 Timothée 2:4: *«[Dieu] veut que tous les hommes soient sauvés et parviennent à la connaissance de la vérité.»* Il garde la porte du salut ouverte en tout temps et dès qu'une âme revient à Lui, Il l'accueille avec énormément de joie et de bonheur.

Grâce à cet amour de Dieu qui ne nous lâche pas jusqu'à la fin, la voie était ouverte pour que chacun puisse recevoir le salut. Dieu a, en effet, préparé Son Fils unique, Jésus-Christ, comme cela est écrit dans Hébreux 9:22: *«Et presque tout, d'après la loi, est purifié avec du sang, et sans effusion de sang il n'y a pas de pardon».* Jésus a payé avec Son sang précieux et Sa propre vie le prix du péché que les pécheurs devaient payer.

Dans 1 Jean 4:9, il est question de l'amour de Dieu: *«L'amour de Dieu a été manifesté envers nous en ce que Dieu a envoyé son Fils unique dans le monde, afin que nous vivions par lui.»* Dieu a laissé Jésus verser Son propre sang pour que l'humanité soit rachetée de tous ses péchés. Jésus a été crucifié mais Il a vaincu la mort et est ressuscité le troisième jour car Il n'y avait pas de péché en Lui. C'est ainsi que notre chemin du salut a été ouvert. Donner pour nous Son Fils unique n'est pas aussi facile que ce que l'on pourrait croire. Selon un dicton coréen: «Les parents ne ressentent aucune douleur même si leurs enfants sont physiquement dans leurs yeux.» Pour beaucoup de parents, les vies de leurs enfants sont plus importantes que les leurs.

C'est pourquoi, le fait que Dieu donne Son Fils unique, Jésus, est une démonstration de l'amour ultime. De plus, Dieu a préparé le royaume des cieux pour ceux qu'Il rachèterait par le sang de Jésus-Christ. Quel grand amour! Et pourtant, l'amour de Dieu ne s'arrête pas là.

## Dieu nous a donné le Saint-Esprit pour nous conduire vers le Ciel

Dieu nous donne le Saint-Esprit comme un don pour ceux qui acceptent Jésus-Christ et reçoivent le pardon des péchés. Le Saint-Esprit est le cœur de Dieu. Après l'ascension du Seigneur, Dieu a envoyé le Consolateur, le Saint-Esprit, dans nos cœurs.

Romains 8:26-27 affirme: *«De même aussi l'Esprit nous aide dans notre faiblesse, car nous ne savons pas ce qu'il convient de demander dans nos prières. Mais l'Esprit lui-même intercède par des soupirs inexprimables; et celui qui sonde les cœurs connaît la pensée de l'Esprit, parce que c'est selon Dieu qu'il intercède en faveur des saints.»*

Lorsque nous péchons, le Saint-Esprit nous guide vers la repentance même au travers de gémissements trop profonds pour être exprimés par des mots. A ceux qui ont une foi faible, Il donne la foi; à ceux qui n'ont pas d'espoir, Il donne l'espoir. Tout comme les mères réconfortent délicatement leurs enfants, Il nous donne Sa voix de sorte que nous ne soyons blessés ou lésés d'aucune façon. Ainsi, Il nous permet de connaître le cœur de Dieu qui nous aime et Il nous conduit vers le royaume des cieux.

Si nous comprenons cet amour profondément, nous ne pourrons faire autrement que d'aimer Dieu en retour. Si nous aimons Dieu du fond de notre cœur, Il nous donne en retour un amour extraordinaire qui nous submergera. Il nous donne la santé et Il nous bénira de toute bénédiction pour que tout aille bien avec nous. Il le fait parce que c'est la loi du monde spirituel mais aussi, et c'est plus important encore, parce qu'Il veut que nous ressentions Son amour par les bénédictions que nous recevons de

Lui. *«J'aime ceux qui m'aiment, et ceux qui me cherchent me trouvent»* (Proverbes 8:17).

Qu'avez-vous ressenti la première fois que vous avez rencontré Dieu et avez reçu la guérison ou des solutions à divers problèmes? Vous avez dû ressentir que Dieu aime même un pécheur comme vous. Je crois que vous avez dû confesser du fond de votre cœur: «Si les océans étaient de l'encre et le ciel des parchemins, écrire l'amour de Dieu drainerait les océans.» Je crois que vous avez dû vous sentir submergé par l'amour de Dieu qui vous a donné le Ciel éternel où il n'y a ni soucis, ni chagrins, ni maladies, ni séparation, ni mort.

Nous n'avons pas aimé Dieu en premier. C'est Dieu qui a fait le premier pas vers nous et a tendu Son bras vers nous. Il ne nous a pas aimés parce que nous méritions d'être aimés. Dieu nous a tellement qu'Il a donné Son Fils unique pour nous qui étions des pécheurs et destinés à mourir. Il aime tous les hommes et Il prend soin de chacun d'entre nous d'un amour plus grand que l'amour d'une mère qui pourtant ne peut oublier son enfant encore à l'âge d'allaiter (Esaïe 49:15). Il nous attend comme si un millier d'années n'étaient qu'un seul jour.

L'amour de Dieu est l'amour véritable qui ne change pas même avec le passage du temps. Lorsque nous arriverons plus tard au Ciel, nous resterons bouche bée en voyant les belles couronnes, le fin lin étincelant et les maisons célestes construites en or et en pierres précieuses que Dieu aura préparées pour nous. Il nous donne des récompenses et des dons même durant nos vies terrestres ici-bas et Il attend avec impatience le jour où nous serons avec Lui dans Sa gloire éternelle. Ressentons Son grand amour.

CHAPITRE 2 — *L'amour de Christ*

# L'amour de Christ

*«... et marchez dans l'amour, à l'exemple de Christ,
qui nous a aimés, et qui s'est livré lui-même à Dieu pour
nous comme une offrande et un sacrifice de bonne odeur.»*
Ephésiens 5:2

L'amour possède la grande puissance de rendre l'impossible possible. En particulier, l'amour de Dieu et l'amour du Seigneur sont vraiment étonnants. Cet amour peut transformer des gens incompétents, incapables de faire quoi que soit de façon efficace en des gens capables de tout. Lorsque des pêcheurs et des collecteurs d'impôts sans grande éducation et qui à l'époque étaient jugés comme étant des pécheurs, des pauvres, des veuves et des gens négligés du monde ont rencontré le Seigneur, leurs vies ont changé complètement. Leur pauvreté et leurs maladies ont trouvé des solutions et ils ont ressenti l'amour véritable qu'ils n'avaient jamais ressenti auparavant. Ils se considéraient indignes mais ils sont nés de nouveau pour être des instruments glorieux pour Dieu. Tel est la puissance de l'amour de Dieu.

## Jésus est venu sur cette terre en abandonnant toute la gloire céleste

Au commencement, Dieu était la Parole et la Parole est venue sur cette terre sous forme humaine. Il s'agit de Jésus, le Fils unique de Dieu. Jésus est venu sur cette terre pour sauver une humanité liée par le péché et qui se dirigeait sur le chemin de la mort. En fait, le nom «Jésus» signifie «Il sauvera Son peuple de ses péchés» (Matthieu 1:21).

Tous ces gens tachés par le péché étaient devenus comme des animaux (Ecclésiastes 3:18). Jésus est né dans une étable d'animaux pour racheter des êtres humains qui avaient abandonné ce qu'ils étaient supposés faire et n'étaient pas mieux que des animaux. Il a été couché dans une mangeoire destinée à nourrir des animaux afin de devenir la vraie nourriture de ces êtres humains (Jean 6:51). Il s'agissait de permettre aux êtres humains de retrouver l'image de Dieu et de les rendre capables de faire ce pourquoi ils avaient été créés.

En outre, Matthieu 8:20 déclare: *«Jésus lui répondit: Les renards ont des tanières, et les oiseaux du ciel ont des nids; mais le Fils de l'homme n'a pas un lieu où il puisse reposer sa tête.»* Ainsi, Il n'avait pas d'endroit où dormir et Il devait passer la nuit dans les champs dans le froid et la pluie. Souvent, Il n'avait rien à manger et a eu faim. Ce n'est pas parce qu'Il était incapable. C'était pour nous racheter de notre pauvreté. Il est dit dans 2 Corinthiens 8:9: *«Car vous connaissez la grâce de notre Seigneur Jésus-Christ, qui pour vous s'est fait pauvre, de riche qu'il était, afin que par sa pauvreté vous soyez enrichis.»*

Jésus a commencé Son ministère public par le signe de la transformation de l'eau en vin au banquet de noces de Cana. Il a prêché le royaume de Dieu et a accompli de nombreux signes et des prodiges dans la région de la Judée et de la Galilée. Beaucoup de lépreux étaient guéris, les boiteux se sont mis à marcher et sauter et ceux qui souffraient de possessions démoniaques ont été libérés de la puissance des ténèbres. Même une personne morte depuis quatre jours et qui sentait une odeur infecte est sortie vivante du tombeau (Jean 11).

Jésus a manifesté ces œuvres étonnantes durant Son ministère sur cette terre pour que les gens comprennent l'amour de Dieu. De plus, étant à l'origine avec Dieu et la Parole elle-même, Il gardait la Loi complètement et nous a donné un exemple parfait. Par ailleurs, ce n'est pas parce qu'Il observait la Loi qu'Il condamnait ceux qui l'enfreignaient et devaient être mis à mort. Il enseignait simplement la vérité aux gens de sorte que les âmes puissent se repentir et recevoir le salut.

Si Jésus avait mesuré tout le monde strictement selon la Loi, personne n'aurait été en mesure de recevoir le salut. La Loi, ce sont les commandements de Dieu qui nous disent ce que nous devons faire, ne pas faire, rejeter et garder. Par exemple, certains de ces commandements nous ordonnent: Gardez le Sabbat pour le sanctifier, ne convoitez pas la maison de votre prochain, honorez vos parents et rejetez toutes formes de mal. Le but ultime de toute la Loi est l'amour. Si vous gardez tous les statuts et toutes les lois, vous pouvez pratiquer l'amour, du moins en apparence.

Cependant, ce que Dieu désire de nous n'est pas juste que nous gardions la Loi dans nos actions. Il veut que nous mettions en pratique la Loi avec un amour qui vient de notre cœur. Jésus connaissait très bien ce désir de Dieu et a accompli la Loi avec amour. L'un des meilleurs exemples nous est donné par le cas de la femme prise en flagrant délit d'adultère (Jean 8). Un jour, les scribes et les Pharisiens ont amené la femme prise en flagrant délit d'adultère, l'ont placée au milieu de la foule et ont demandé à Jésus: *«Moïse, dans la loi, nous a ordonné de lapider de telles femmes: toi donc, que dis-tu?»* (Jean 8:5)

Ils demandaient cela afin de trouver un motif d'accusation contre Jésus. Comment pensez-vous que la femme devait se sentir à ce moment? Elle a dû être si honteuse de son péché révélé devant tout le monde, elle devait trembler de peur car elle était sur le point d'être lapidée à mort. Si Jésus répondait: «Lapidez-la», sa vie se terminerait là, par tous ces cailloux jetés vers elle.

Toutefois, Jésus ne leur a pas dit de la punir selon la Loi. En fait, Il s'est abaissé et s'est mis à écrire quelque chose sur le sol avec son doigt. Il s'agissait des noms des péchés que les gens commettaient en tant que société. Après avoir énuméré leurs péchés, Il s'est relevé et a dit: *«Que celui de vous qui est sans péché jette le premier la pierre contre elle»* (verset 7). Puis, Il s'est abaissé à nouveau et s'est mis à écrire quelque chose.

Cette fois, Il a écrit les noms des péchés de chaque individu, comme s'Il les avaient vus, y compris le moment, l'endroit et la façon dont ces péchés ont été commis. Ceux qui avaient des remords ont quitté le lieu un par un. Finalement, il ne restait que Jésus et la femme. Les versets suivants, versets 10 et 11, nous disent: *«Alors s'étant relevé, et ne voyant plus que la femme, Jésus lui dit: Femme, où sont ceux qui t'accusaient? Personne ne t'a-t-il condamnée? Elle répondit: Non, Seigneur. Et Jésus lui dit: Je ne te condamne pas non plus: va, et ne pèche plus.»*

La femme ne savait-elle pas que la peine pour l'adultère était la mort par lapidation? Bien sûr qu'elle le savait. Elle connaissait la Loi mais elle a commis ce péché car elle ne pouvait surmonter sa luxure. Elle s'attendait à être mise à mort car son péché avait été révélé et, en faisant l'expérience de façon inattendue du pardon de Jésus, elle a dû se sentir profondément bouleversée. Pour autant qu'elle se rappelle cet amour de Jésus, elle serait incapable de pécher à nouveau.

Comme Jésus, dans Son amour, a pardonné cette femme qui a enfreint la Loi, cela signifie-t-il que la Loi devient obsolète lorsque nous avons l'amour pour Dieu et nos prochains? Pas du tout. Jésus a, en effet, déclaré: *«Ne croyez pas que je sois venu pour abolir la loi ou les prophètes; je suis venu non pour abolir, mais pour accomplir»* (Matthieu 5:17).

Nous pouvons accomplir la volonté de Dieu plus parfaitement parce que nous avons la Loi. Si quelqu'un dit aimer Dieu, on ne peut mesurer la profondeur et la largeur de cet amour. Cependant, l'étendue de son amour peut être vérifiée car nous avons la Loi. Si quelqu'un aime réellement le Seigneur de tout son cœur, il va certainement mettre la Loi en pratique. Pour une telle personne, garder la Loi n'est pas difficile. De plus, dans la mesure où une personne garde la Loi correctement, elle recevra des bénédictions et l'amour de Dieu.

Cependant, les légalistes du temps de Jésus n'étaient pas intéressés par l'amour de Dieu contenu dans la Loi. Ils ne fixaient pas leur attention sur le fait de sanctifier leurs cœurs, mais cherchaient uniquement à maintenir un certain formalisme. Ils se sentaient satisfaits et trouvaient même une certaine fierté dans le fait de garder la Loi en apparence. Et, comme ils pensaient qu'ils gardaient la Loi, ils étaient prompts à juger et à condamner ceux qui la violaient. Quand Jésus a expliqué le vrai sens contenu dans la Loi et les a enseigné concernant le cœur de Dieu, ils ont déclaré que Jésus était dans l'erreur et démoniaque.

Comme les Pharisiens n'avaient pas d'amour, garder la Loi de façon stricte n'apportait rien du tout à leurs âmes (1 Corinthiens 13:1-3). Ils n'avaient pas rejeté le mal de leurs cœurs mais se permettaient de juger et de condamner les autres, ce qui les distançait par rapport à Dieu. En fin de compte, ils ont commis le péché de crucifier le Fils de Dieu, ce qui ne pouvait être réparé.

# Jésus a accompli la Providence de la Croix avec obéissance jusqu'à la mort

Vers la fin de Son ministère de trois ans, Jésus s'est rendu à la montagne des Oliviers juste avant le début de Ses souffrances. Alors que les ténèbres se faisaient plus intenses, Jésus a prié instamment face à la crucifixion qui l'attendait. Sa prière était un cri pour que les âmes soient sauvées par Son sang qui est complètement innocent. Il s'agissait d'une prière pour demander la puissance de surmonter les souffrances de la croix. Il a prié avec ferveur et Sa sueur est devenue comme des gouttes de sang qui tombaient sur le sol (Luc 22:42-44).

Durant cette nuit, Jésus a été arrêté par les soldats et emmené de lieu en lieu pour être questionné. Finalement, Il a reçu la peine de mort à la cour de Pilate. Les soldats romains ont mis une couronne d'épines sur Sa tête et l'ont frappé avant de l'emmener au lieu d'exécution (Matthieu 27:28-31).

Son corps était couvert de sang. On s'est moqué de Lui et Il a été fouetté toute la nuit et, avec ce corps, Il s'est rendu à Golgotha en portant la croix. Une grande foule le suivait. Peu de temps auparavant, ils l'avaient accueilli en criant: «Hosanna» mais c'était désormais une foule enragée qui criait: «Crucifie-Le!» Le visage de Jésus était couvert de sang, si bien qu'Il était méconnaissable. Il n'avait plus de force à cause des douleurs infligées par la torture et Il Lui était extrêmement difficile de marcher.

Une fois arrivé à Golgotha, Jésus a été crucifié pour nous racheter de nos péchés. Pour nous racheter, nous qui étions sous la malédiction de la Loi qui dit que le salaire du péché, c'est la mort

(Romains 6:23). Il a été pendu à une croix en bois où Il a versé tout son sang. Il a pardonné les péchés que nous commettons dans nos pensées en portant la couronne d'épines sur Sa tête. Des clous ont transpercé Ses mains et Ses pieds pour nous pardonner des péchés que nous commettons avec nos mains et nos pieds.

Les insensés qui ne connaissaient pas ce fait se moquaient et raillaient Jésus qui était pendu sur cette croix (Luc 23:35-37). Cependant, même dans cette douleur atroce, Jésus a prié pour le pardon de ceux qui étaient crucifiés avec Lui, comme cela est indiqué dans Luc 23:34: *«Père, pardonne-leur, car ils ne savent ce qu'ils font.»*

La crucifixion est l'une des méthodes d'exécutions les plus cruelles. Le condamné devait souffrir durant relativement plus longtemps que pour les autres châtiments. Des clous transperçaient les mains et les pieds et la chair se déchirait. Les condamnés souffraient de déshydratation sévère et de troubles de la circulation sanguine. Cela provoquait une détérioration lente des fonctions des organes internes. Le condamné devait également subir les douleurs provoquées par les morsures d'insectes attirés par l'odeur du sang.

A quoi pensez-vous que Jésus pensait sur la croix? Ce n'était pas à la douleur atroce de son corps. Il pensait plutôt à la raison pour laquelle Dieu avait créé les êtres humains, le sens de la culture humaine sur la terre et la raison pour laquelle Il devait se sacrifier Lui-même comme victime propitiatoire pour le péché des êtres humains, et Il offrait des prières d'actions de grâce du fond du cœur.

Après avoir souffert ces douleurs durant six heures sur la croix,

Il a dit: *«J'ai soif»* (Jean 19:28). Il était spirituellement assoiffé: Il avait soif de gagner des âmes qui se trouvaient sur le chemin de la mort. En pensant aux innombrables âmes qui allaient vivre sur cette terre sans avenir, Il nous demandait de transmettre le message de la croix et de sauver les âmes.

Jésus s'est finalement écrié: *«Tout est accompli»* (Jean 19:30). Ensuite, Il a rendu Son dernier soupir après avoir dit: *«Père, je remets mon esprit entre tes mains»* (Luc 23:46). Il a remis Son esprit entre les mains de Dieu car Il avait terminé Son devoir d'ouvrir la voie du salut pour toute l'humanité en devenant Lui-même le sacrifice propitiatoire. C'est le moment où le plus grand acte d'amour a été accompli.

Depuis lors, le mur de péché qui se tient entre Dieu et nous a été détruit et nous sommes en mesure de communiquer directement avec Dieu. Avant cela, le souverain sacrificateur devait offrir le sacrifice pour le pardon des péchés au nom du peuple, mais ce n'est plus le cas à présent. Quiconque croit en Jésus-Christ peut entrer dans le sanctuaire sacré de Dieu et l'adorer directement.

## Jésus prépare les lieux d'habitation célestes par Son amour

Avant de passer par la croix, Jésus avait parlé à Ses disciples concernant les choses à venir. Il leur a dit qu'Il devrait passer par la croix pour accomplir la providence de Dieu le Père, mais les disciples étaient inquiets. Il leur a alors parlé concernant les lieux d'habitation célestes pour les réconforter.

Il est écrit dans Jean 14:1-3: *«Que votre cœur ne se trouble* point. *Croyez en Dieu, et croyez en moi. Il y a plusieurs demeures dans la maison de mon Père. Si cela n'était pas, je vous l'aurais dit. Je vais vous préparer une place. Et, lorsque je m'en serai allé, et que je vous aurai préparé une place, je reviendrai, et je vous prendrai avec moi, afin que là où je suis vous y soyez aussi.»* En fait, Il a vaincu la mort, est ressuscité et est monté au Ciel à la vue de beaucoup de gens. C'était pour nous préparer un lieu d'habitation céleste. Que signifie donc: «Je vais vous préparer une place»?

Il est écrit dans 1 Jean 2:2: *«Il est lui-même la victime expiatoire pour nos péchés, et non seulement pour les nôtres, mais aussi pour ceux du monde entier.»* Comme nous l'avons dit, cela signifie que chacun peut posséder le Ciel par la foi car Jésus a détruit le mur du péché qui nous séparait de Dieu.

En outre, Jésus a dit: «Il y a plusieurs demeures dans la maison de mon Père» et Il nous a dit qu'Il veut que tout le monde puisse recevoir le salut. Il n'a pas dit: «Il y a plusieurs demeures au Ciel» mais «dans la maison de mon Père» car nous pouvons appeler Dieu «Abba, Père» grâce à l'œuvre du précieux sang de Jésus.

Le Seigneur intercède toujours sans cesse pour nous. Il prie avec ferveur devant le trône de Dieu, sans manger ni boire (Matthieu 26:29). Il prie que nous puissions remporter la victoire par la culture humaine sur cette terre et révéler la gloire de Dieu en faisant prospérer nos âmes.

En outre, lors du Jugement du Grand Trône Blanc, lorsque la culture humaine sera terminée, Il agira encore pour nous. Au tribunal du jugement, tout le monde sera jugé sans la moindre erreur pour toutes les choses que chacun aura faites. Cependant, le

Seigneur sera le défenseur des enfants de Dieu et plaidera en disant: «J'ai lavé leurs péchés dans Mon sang», de sorte qu'ils peuvent recevoir une meilleure demeure et de meilleures récompenses au Ciel. Parce qu'Il est venu sur cette et a connu personnellement tout ce que les êtres humains traversent, Il parlera pour les êtres humains comme un avocat. Comment pouvons-nous comprendre pleinement cet amour de Christ?

Dieu nous fait connaître Son amour pour nous au travers de Son Fils unique Jésus-Christ. Cet amour est l'amour par lequel Jésus n'a même pas hésité à donner jusqu'à Sa dernière goutte de sang pour nous. Cet amour inconditionnel et immuable est celui avec lequel Il allait pardonner soixante-dix fois sept fois. Qui peut nous séparer de cet amour?

Dans Romains 8:38-39, l'apôtre Paul proclame: *«Car j'ai l'assurance que ni la mort ni la vie, ni les anges ni les dominations, ni les choses présentes ni les choses à venir, ni les puissances, ni la hauteur, ni la profondeur, ni aucune autre créature ne pourra nous séparer de l'amour de Dieu manifesté en Jésus-Christ notre Seigneur.»*

L'apôtre Paul a compris cet amour de Dieu et de Christ et il a donné sa vie entière pour obéir à la volonté de Dieu et vivre comme un apôtre. De plus, il n'a pas épargné sa vie pour évangéliser les païens. Il a mis en pratique l'amour de Dieu qui a mené d'innombrables âmes sur le chemin du salut.

Même lorsque l'on disait qu'il était le «chef de file de la secte des Nazaréens», Paul a consacré sa vie entière pour prêcher. Il a répandu dans le monde entier l'amour de Dieu et du Seigneur, qui est profond et large au-delà de toute mesure. Je prie au nom du Seigneur que vous puissiez devenir de vrais enfants de Dieu qui accomplissent la Loi avec amour et qui demeureront pour toujours dans la plus belle des demeures célestes, la Nouvelle Jérusalem, pour partager ensemble l'amour de Dieu et de Christ.

L'auteur:
## Dr. Jaerock Lee

Le Dr. Lee est né en 1943 à Muan, dans la province de Jeonnam, en République de Corée. Lorsqu'il avait une vingtaine d'années, le Dr. Lee a souffert de plusieurs maladies incurables durant sept ans et attendait la mort sans aucun espoir de guérison. Cependant, un jour de printemps 1974, il a été invité à l'église par sa sœur et, quand il s'est mis à genoux pour prier, le Dieu vivant l'a immédiatement guéri de toutes ses maladies.

Dès ce moment où il a rencontré le Dieu vivant au travers de cette expérience merveilleuse, le Dr. Lee a aimé Dieu de tout son cœur et avec sincérité et, en 1978, Dieu l'a appelé à Le servir. Il a prié avec ferveur, avec d'innombrables temps de jeûnes, afin de pourvoir comprendre clairement la Parole de Dieu, la mettre entièrement en pratique et y obéir complètement. En 1982, il a fondé l'église Centrale Manmin à Séoul, Corée du Sud, et d'innombrables œuvres de Dieu, y compris des guérisons miraculeuses, des signes et des prodiges, ont eu lieu dans cette église depuis lors.

En 1986, le Dr. Lee a été ordonné pasteur par l'Assemblée Annuelle de l'Eglise Sungkyul de Corée de Jésus et, quatre ans plus tard, en 1990, ses sermons ont commencé à être diffusés sur les ondes en Australie, en Russie et aux Philippines. En peu de temps, beaucoup plus de pays ont été atteints par le biais de la Société de Radiodiffusion d'extrême orient, de la Station asiatique de retransmission et du Système de Radio Chrétienne de Washington.

Trois ans plus tard, en 1993, l'Eglise Centrale Manmin a été nommée l'une des «50 meilleures églises au monde» par le magazine *Monde Chrétien* (Etats-Unis) et le Dr. Lee a reçu un titre honorifique de Docteur en Divinité du Collège Chrétien de la foi, en Floride, aux Etats-Unis. Puis, en 1996, il a reçu un Ph.D. en Ministère du Séminaire Théologique Kingsway, à Iowa, aux Etats-Unis.

Depuis 1993, le Dr. Lee s'est investi pour l'évangélisation dans le monde au travers de nombreuses croisades outre-mer en Tanzanie, en Argentine, à Los Angeles, à Baltimore, à Hawaï, à New York, en Ouganda, au Japon, au Pakistan, au Kenya, aux Philippines, au Honduras, en Inde, en Russie, en Allemagne, au Pérou, en République Démocratique du Congo, en Israël et en Estonie.

En 2002, il a été reconnu comme «revivaliste mondial» par les principaux journaux chrétiens de Corée à cause de son puissant ministère lors de diverses croisades outre-mer. On notera en particulier sa croisade à New York en 2006 organisée à Madison Square Garden, l'arène la plus célèbre du monde, qui a été diffusée dans 220 pays, et sa croisade Unie d'Israël de 2009, organisée au Centre de Conventions International (ICC) de Jérusalem où il a proclamé avec hardiesse que Jésus-Christ est le Messie et le Sauveur.

Ses sermons sont diffusés vers 176 nations via satellites y compris GCN TV et il a été répertorié comme l'un des 10 dirigeants chrétiens les plus influents de 2009 et 2010 par le magazine populaire chrétien russe In Victory et par l'agence journalistique Christian Telegraph pour son puissant ministère d'émissions télévisées et de travail pastoral auprès d'églises d'outremers.

Depuis août 2015, l'Eglise Centrale Manmin possède une congrégation de plus de 120.000 membres. Il y a 10.000 églises branches établies dans le monde, y compris 56 branches domestiques en Corée et, à ce jour, plus de 103 missionnaires ont été envoyés dans 23 pays, y compris aux Etats-Unis, en Russie, en Allemagne, au Canada, au Japon, en Chine, en France, en Inde, au Kenya, et dans beaucoup d'autres pays.

A la date de la présente édition, le Dr. Lee a écrit 100 livres, y compris les bestsellers *Jouir de la vie éternelle avant la mort, Ma vie, Ma foi I et II, Le Message de la Croix, La Mesure de Foi, Le Ciel I et II, Enfer, Réveille-toi Israël!* et *La Puissance de Dieu*. Ses ouvrages ont été traduits en plus de 75 langues.

Ses articles chrétiens ont été publiés dans *Le Hankook Ilbo, Le JoongAng Daily, Le Dong-A Ilbo, Le Munhwa Ilbo, Le Seoul Shinmun, Le Kyunghyang Shinmun, Le Hankyoreh Shinmun, Le Korea Economic Daily, Le Korea Herald, Le Shisa News* et *Le Christian Press*.

Le Dr. Lee est actuellement responsable de plusieurs associations et organisations missionnaires. Ses fonctions comprennent: président de L'Eglise Unifiée de Sanctification de Jésus-Christ; président de Mission Mondiale Manmin; président permanent de l'association pour la mission du Réveil Mondial du Christianisme; fondateur et président du conseil du Réseau Mondial Chrétien (GCN) ; fondateur et président du conseil du Réseau Mondial de Médecins Chrétiens (WCDN) ; et fondateur et président du conseil du Séminaire International Manmin (MIS).

## D'autres livres puissants par le même auteur

### Le Ciel I & II

Une esquisse détaillée de l'environnement merveilleux dont jouiront les citoyens célestes au milieu de la gloire de Dieu.

---

### Le Message de la Croix

Un message puissant de réveil pour tous les peuples qui sont spirituellement endormis. Dans ce livre, vous trouverez le véritable amour de Dieu et pourquoi Jésus est notre seul Sauveur.

---

### Enfer

Un message sérieux de Dieu à toute l'humanité, qui souhaite que même pas une seule âme ne tombe dans les profondeurs de l'enfer ! Vous découvrirez le compte rendu jamais révélé auparavant de la cruelle réalité de l'Hadès et de l'enfer.

---

### La Puissance de Dieu

Un livre à lire absolument qui sert de guide essentiel par lequel on peut posséder la vraie foi et expérimenter la merveilleuse puissance de Dieu.

### *La Mesure de Foi*

Quel type de lieu de séjour céleste et quelles espèces de couronnes sont préparés dans le ciel? Ce livre apporte sagesse et direction pour mesurer votre foi et cultiver la foi la plus parfaite et mature.

### *Réveille-toi Israël*

Pourquoi Dieu a-t-Il gardé les yeux fixés sur Israël depuis le commencement du monde jusqu'à ce jour? Quel type de providence a été préparée pour Israël qui attend le Messie dans les derniers jours.

### *Ma Vie, Ma Foi I & II*

L'autobiographie du Dr.Jaerock Lee produit le plus odorant arôme spirituel pour les lecteurs, au travers de sa vie extraite de l'amour de Dieu qui a fleuri au milieu de vagues ténébreuses, d'un joug glacial et d'un profond désespoir.

### *Goûter à la vie éternelle avant la Mort*

Les mémoires témoignage du Dr Jaerock Lee, qui est né de nouveau et sauvé de la vallée de l'ombre de la mort et a vécu une vie chrétienne exemplaire.

www.urimbooks.com

www.ingramcontent.com/pod-product-compliance
Lightning Source LLC
LaVergne TN
LVHW012015060526
838201LV00061B/4320